Trotzalarm

Gertrud Teusen

Trotzalarm

Anleitung zur Gelassenheit

urania

Gertrud Teusen, Mutter von zwei Kindern, ist Journalistin und Autorin zahlreicher Bücher zu Gesundheits- und Erziehungsthemen.

Neuausgabe 2012

Bisheriger Titel: Das Trotzalter
© Urania Verlag in der Verlag Kreuz GmbH, 2009
© Urania Verlag in der Verlag Herder GmbH, Freiburg im Breisgau, 2012
Alle Rechte vorbehalten
www.urania-verlag.de; www.herder.de

Umschlaggestaltung: Verlag Herder
Umschlagmotiv: © Mauritius Images
Redaktion und Satz: Anke Scheffler / Grafikstudio Scheffler, Berlin
Herstellung: Graspo, Zlín
Printed in the Czech Republic

ISBN 978-3-451-66017-7

Vorwort

Von den Kindern

Eure Kinder sind nicht eure Kinder.
Sie sind die Söhne und Töchter der Sehnsucht
des Lebens nach sich selbst.
Sie kommen durch euch, aber nicht von euch.
Und obwohl sie mit euch sind, gehören sie euch
doch nicht.
Ihr dürft ihnen eure Liebe geben, aber nicht
eure Gedanken.
Denn sie haben ihre eigenen Gedanken.
Ihr dürft ihren Körpern ein Haus geben,
aber nicht ihren Seelen.
Denn ihre Seelen wohnen im Haus von morgen,
das ihr nicht besuchen könnt, nicht einmal in euren
Träumen.
Ihr dürft euch bemühen, wie sie zu sein,
aber versucht nicht, sie euch ähnlich zu machen.
Denn das Leben läuft nicht rückwärts,
noch verweilt es im Gestern.

Dieses Gedicht stammt von dem orientalischen Dichter Khalil Gibran, und es fasst in wenigen Zeilen all das zusammen, was eine gute Erziehung ausmachen sollte. Nämlich die Kinder so zu lassen, wie sie sind, sie nicht zu reglementieren und nach unseren Vorstellungen zu formen.

Trotzphase – Bewährungsprobe für Eltern

Das Trotzalter der Kinder ist für Eltern die erste Bewährungsprobe in Sachen Erziehung. Da ist ein kleiner Mensch, der plötzlich nicht mehr so will, wie wir es gerne hätten. Der uns ein erbarmungsloses »Nein« ins Gesicht schleudert, wie wir es noch nicht erlebt haben. Das Trotzalter ist auch der erste Schritt in die Selbstständigkeit. Es legt den Grundstein für Charakter und Persönlichkeit. All das sieht man nicht in dem Moment, in dem man mit einem trotzenden Kind konfrontiert ist. Manche Eltern sind enttäuscht, andere verletzt und die meisten sind erst einmal hilflos. Denn Kinder, die heftig trotzen, signalisieren ihren Eltern vor allem Folgendes: Komm mir nicht zu nah! Lass mich meine eigenen Erfahrungen machen! Bitte, nimm mich ernst!

Wer seinen Kindern im Trotzalter hilfreich zur Seite steht, sie unterstützt und in ihrer Widersprüchlichkeit ernst nimmt, der gibt ihnen wertvolle Lebenserfahrung mit auf den Weg.

Loslassen will gelernt sein.

Als Mutter von zwei Kindern weiß ich, wovon ich hier schreibe, und ich weiß, was es bedeutet, im kindlichen Trotz gefangen zu sein. Aber ich weiß heute auch, dass im richtigen Umgang mit den Trotzkindern eine ungeheure Chance liegt. Wer es schafft seine Kindern loszulassen, wenn sie danach begehren (und nichts anderes tun sie im Trotz), der hat Aussichten auf eine harmonische Zukunft und ein entspanntes Eltern-Kind-Verhältnis. Sich auf den Trotz einzulassen, ist kein einfacher Weg, doch ihn zu gehen lohnt sich.

Dieses Buch soll Ihnen helfen, Ihr Kind besser zu verstehen. Wer mehr weiß, kann mehr Verständnis zeigen und hat damit die besten Voraussetzungen, im Trotz nicht unterzugehen.

Gertrud Teusen

Aufstand der Zwerge – jetzt wird es ernst

Ihr Lieblingswort ist »Nein!«. Und wenn es nicht nach ihrem Willen geht, dann toben und schreien sie, werfen sich auf den Boden oder halten die Luft an. Doch hinter der vermeintlichen Dickköpfigkeit steckt keine Absicht, die Wut kommt vielmehr direkt aus dem Bauch. Der Aufstand der Zwerge wird landläufig als »Typisch Trotzalter« abgetan – oder verbirgt sich doch vielleicht mehr dahinter?

Humor ist, wenn man trotzdem lacht

Als das Trotzalter wird die Zeit zwischen dem ersten und dem dritten Lebensjahr bezeichnet, die sich im Wesentlichen durch heftige Gefühlsturbulenzen auszeichnet. Von heute auf morgen wird da aus der Strahlemaus ein Brüllmonster, wachsen dem Engelchen ohne Vorwarnung Hörner.

Es ist eine Phase, in der die Kleinen nicht mehr wollen, wie sie sollen, und schon aus scheinbar geringstem Anlass in flammende Wut geraten. Sie beben vor Zorn, brüllen, dass einem die Ohren abfallen, werfen sich auf den Boden, trampeln mit den Füßen und boxen mit den kleinen Fäusten auf Erwachsene ein. Und das ist nur der Anfang: Der Aufstand der Zwerge hat soeben erst begonnen. Wenn man nicht gerade selbst in der Trotzphase der eigenen Kinder gefangen ist, könnte man ja lachen. In der Tat ist uns der kindliche Trotz eher peinlich, und deshalb macht er uns quasi handlungsunfähig. Er scheint uns als Eltern bloßzustellen, jede erzieherische Maßnahme zu verdammen, Mutter und Vater gleichermaßen als Versager abzustempeln. Wenn der Trotz aus heiterem Himmel der harmonischen Babyzeit ein Ende setzt, dann sind Erwachsene schnell mit ihrem Latein am Ende.

Das Ende der Babyzeit wird durch den Trotz besiegelt.

Eine Mutter steht mit ihrer zweijährigen Tochter in der Warteschlange. An der Kasse sind – wie üblich – die Süßigkeiten verführerisch und vor allem kindgerecht platziert. Der blonde Engel bekommt strahlende Augen und greift beherzt zu: Die Kleine erscheint mit einem Lutscher in der Hand, die Mutter trägt ihn zurück. Dann belädt das Mädchen geschäftig den Einkaufswagen mit Überraschungseiern (die Dinger heißen so, weil man sie – welch' Überraschung – erst an der Kasse auf dem Förderband entdeckt), die Mutter schimpft. Die Kleine fleht: »Bitte, nur das eine!«, die Mutter bleibt standhaft. Es kullern Tränen, tiefes Schluchzen ist zu hören und schwillt zu einem ohrenbetäubenden

Geschrei an. Der kleine Trotzkopf läuft zur Hochform auf: Erst malträtieren die kleinen Fäuste Mamas Oberschenkel, dann wirft sich der Engel auf den Boden und tobt wie ein Teufelchen. Die Umstehenden grinsen verhalten, mehr schadenfroh als mitleidig. Natürlich kommt keiner der lieben Mitmenschen auf die Idee, die trotzgeplagte Mutter vorzulassen, um dem Drama ein schnelleres Ende zu bereiten.
Die Mutter steht jetzt unter Druck, muss sich auch noch Folgendes anhören: »Das ist die Jugend von heute« und »Viel zu lasche Erziehung« oder »Früher hätte es so etwas nicht gegeben«.

Was tun? Standhaft bleiben oder nachgeben? Anbrüllen, wegschleifen oder ignorieren? Mit langen Erklärungen und Verboten kann man trotzende Kinder nicht erreichen. Häufig genug bleibt nur die anstrengendste aller denkbaren Reaktionen: Trotzkinder muss man aushalten!

Die Entdeckung eigener Fähigkeiten

Im ersten Lebensjahr baut das Kind eine enge Beziehung zu den Eltern auf und kann sie von anderen, fremden, Menschen unterscheiden. Diese sind zwar interessant, aber nur von der sicheren Warte des mütterlichen oder väterlichen Schoßes aus betrachtet. Etwa mit sechs Monaten erkennt sich das Kind als eigenständige Person. Sitzt es vor dem Spiegel, tapst es nicht mehr auf diesem herum, sondern fasst sich selbst an. Um den ersten Geburtstag macht es erste zaghafte Schritte in die Selbstständigkeit. Es merkt, dass es Dinge selbst machen kann und dass dieses Tun Folgen hat. Es handelt zielgerichtet, lässt also die Blumenerde nicht mehr nur durch die Hände rieseln, sondern begräbt darunter das Spielzeugauto. Die Entdeckung der eigenen Fähigkeiten wird von den Eltern gelobt und unterstützt. Die kleinen Forscher werden übermütig und sind euphorisiert von den eigenen

Peinliche Trotzanfälle in aller Öffentlichkeit: geschehen lassen und ruhig bleiben.

Handlungen. Als quasi logische Konsequenz kommt es zu »ersten Konflikten«, wie Experten den Trotz auch nennen.

Trotz – wie ihn die meisten Menschen verstehen

Das Wort »Trotz« ist eine äußerst unglückliche Bezeichnung für den Seelenzustand der Kleinen, weil der Begriff Trotz eine Absicht unterstellt. Trotz suggeriert zudem, nicht im Recht zu sein und etwas trotzdem zu tun. Doch von solchen Überlegungen sind Kinder weit entfernt. Erfahrene Eltern wissen, dass Zweijährige zu so komplizierten Gedankengängen noch gar nicht in der Lage sind.

Für kleine Kinder sind Wunsch und Wirklichkeit selten deckungsgleich.

Die Entwicklung der körperlichen und motorischen Fähigkeiten bereitet den Boden für das Trotzalter. Kinder entdecken zwischen dem ersten und dritten Lebensjahr auch ihre eigenen Wünsche und Ziele. Und sie müssen feststellen, dass diese nicht immer mit den Vorstellungen der Eltern übereinstimmen. Die zornigen Zwerge sind hin und her gerissen zwischen Rockzipfel-Dasein und Abenteuerlust. »Ich«, »nein« und »alleine machen« sind die Schlüsselworte, mit denen sich eine ganz neue Welt auftut. Die Kinder geben den elterlichen Schutz bewusst auf, um Neues zu entdecken. Weil zum Gelingen aber nicht nur Mut und Unternehmungslust gehört, sondern auch Übung, geht vieles schief.

Sie können laufen, fallen aber noch oft hin. Sie verstehen das meiste, was gesprochen wird, können ihre eigenen Gedanken jedoch nur unzureichend formulieren. Ihre Finger sind geschickt genug, die Welt auseinanderzunehmen, doch zum Zusammenfügen reicht es nicht. Der Kopf denkt »auf neue Ufer zu«, doch wie soll ein Nichtschwimmer den Fluss überqueren?

Muss Trotz trotzdem sein?

Ob der Trotz sein muss oder ob man ihm durch spezielle Erziehungsmaßnahmen entgegenwirken kann, darüber streiten sich
die Experten. Einmal abgesehen davon, dass diese überhaupt
nicht gerne vom »Trotz« reden, sondern dieses Stadium mit
»Rappel«, »frühkindlichen Erregungszuständen«, »ersten Konflikten« oder »kindlichem Autonomiestreben« treffender zu umschreiben versuchen, ist man sich jedoch einig: Trotz ist nicht
völlig vermeidbar – ja, er sollte auch nicht vermieden werden.
(s. S. 40)

*Psychologen nen-
nen das Trotzalter
auch »kleine
Pubertät«.*

- Trotz stellt einen wichtigen Eckpfeiler in der kindlichen Entwicklung dar. Er ist sozusagen die wichtigste Grundlage für
  die individuelle Persönlichkeit. Diese kann sich jedoch erst
  dann entwickeln, wenn die Grenzen ausgelotet und auch bewusst überschritten werden. Manche Erfahrungen muss man
  einfach alleine gemacht haben, um Sinn und Unsinn von Regeln zu verstehen.
- Den Eltern kommt in dieser Situation nur die Rolle des stillen
  Beobachters und des unsichtbaren Schutzengels zu. Doch die
  Natur der Elternschaft fordert es geradezu heraus, helfen und
  erklären zu wollen. Wenn Eltern dafür aber nur Gebrüll und
  Widerworte ernten, fühlen sie sich zurückgewiesen, ohnmächtig und hilflos. Besonders schlimm sind Situationen, in denen
  die Zeit drängt und das Kind streikt oder wenn Trotzanfälle
  in aller Öffentlichkeit stattfinden und Eltern denken, Beob-
  achter können sie im besten Fall für inkompetent, im
  schlimmsten Fall für böse halten. (s. S. 95)

Das macht deutlich, wie sensibel und vielschichtig das Thema
Trotz ist und warum es sich durchaus lohnt, die Sache genauer
unter die Lupe zu nehmen. Das eigene Verhalten ebenso, wie die
Beweggründe der Kinder.

Dies- und jenseits des erhobenen Zeigefingers

Das Thema »Trotz« ist nicht neu. Im Gegensatz zu anderen kindlichen Verhaltensmustern hat er eine vergleichsweise lange Tradition. Das ist durchaus bemerkenswert, wenn man bedenkt, welchen Stellenwert Kinder einst besaßen und wie wenig Gedanken man sich generell um verschiedene Erziehungsformen machte. Diese Überlegungen sind allesamt neueren Datums. Doch aller Erziehungsinitiativen zum Trotz: Den Trotz auszumerzen, scheint nicht zu gelingen.

Man versucht das übrigens schon seit Jahrhunderten. In Märchen und Mythen wimmelt es sozusagen von trotzigen Kindern und »blinden« Eltern, die nicht sehen wollten, was hinter dem Verhalten des Nachwuchses steckt. Als kleiner »Erziehungsratgeber« fungierte beispielsweise der »Struwwelpeter«, den die meisten sicher noch aus ihrer eigenen Kindheit kennen. Der »Struwwelpeter«, der dies und das nicht wollte und es bitter bereuen sollte, nicht auf die Eltern gehört zu haben. Als pädagogisch sinnloses Literaturwerk ist das Buch deshalb auch aus den Regalen der Kinderzimmer verschwunden. Zu drastisch werden darin die Konsequenzen von kindlichem Fehlverhalten dargestellt.

Dass Trotz – aus der Distanz betrachtet – auch einen gewissen Unterhaltungswert jenseits des erhobenen Zeigefingers hat (und hatte), beweist beispielsweise die schwedische Schriftstellerin Astrid Lindgren in ihren Büchern. Ob Pippi Langstrumpf oder der Michel aus Lönneberga, kleine aufmüpfige – aber ebenso liebenswerte – Persönlichkeiten spielen immer eine Hauptrolle. Belehrt werden bei ihr überwiegend die strengen Erwachsenen, die durch den kindlichen Entdeckungsdrang in die Bredouille gebracht wurden. Ihre Bücher öffnen aber auch die Augen für die Welt, so wie Kinder sie sehen und wahrnehmen. Dafür, dass wir Erwachsenen manche Dinge viel zu kompliziert machen und für kindlich einfache Lösungen keinen Blick haben.

Von außen betrachtet, ist Trotz durchaus amüsant.

Trotzdem: Schwierige Zeiten für Eltern und Kinder

Auch wenn Sie gerade mit Ihrem Kind mitten in der Trotzphase stecken, vergessen Sie eines nicht: Das Trotzalter ist nervenaufreibend und belastend, nicht nur für Sie, sondern auch für das trotzende Kind. Verzweifeln Sie nicht daran, sondern versuchen Sie, die Sache möglichst locker zu sehen. Die Trotzphase darf nicht zum Machtkampf zwischen Eltern und Kindern werden. Bei jedem Kampf gibt es Sieger und Verlierer – die Kinder können nicht gewinnen und für die Eltern wäre es ein trauriger Sieg. Konsequenz in der Erziehung wird nicht dadurch untermauert, dass man sich immer und überall an Regeln halten muss. In Trotzanfällen ist Konsequenz oft sogar hinderlich.

Traurige Erkenntnis: Wer kämpft, kann verlieren!

Sie kann ebenso den gegenteiligen Effekt haben, indem sie den Trotz schürt und zu immer heftigerer Gegenwehr führt. Konsequenz um der Konsequenz willen hat angesichts der trotzigen Kleinkinder nur wiederum Trotzcharakter. Völlig überflüssig wird hierin Energie investiert.

Kinder wollen lernen

Das Nachgeben sowie das Eingestehen von Fehlern und Unüberlegtheiten sind wichtige Erfahrungen, die Kinder von ihren Eltern lernen können. Dass kein Mensch allmächtig und perfekt ist – und auch Eltern da keine Ausnahme bilden –, ist eine wichtige Erkenntnis.
Mut haben und Angst zulassen, sich gehen lassen und zurückkommen dürfen, sich abgrenzen und sich öffnen, sich durchsetzen und nachgeben, reden und zuhören – das alles sind Dinge, die Kinder im Trotzalter lernen. Allesamt sind sie wichtige Eckpfeiler der gesunden Entwicklung.

Die Kleinen führen wirklich nichts Böses im Schilde.

Solche schwierigen Erfahrungen – die selten ohne jegliche Blessuren vorübergehen – sind auf beiden Seiten unvermeidbar. Loslösung ist das Stichwort des Trotzalters. Die Eltern wollen die Lösung, die Kinder auch. Loslösung bereitet Eltern Sorgen, und den Kindern macht sie Angst. Doch genauso groß wie die Angst ist auch das Bedürfnis nach mehr Selbstständigkeit. Diese zwei mächtigen Gefühle bewegen nun das Kind, scheinen es manchmal gar zu zerreißen. Wundert es da, dass sich Wut oft so explosionsartig entlädt?

Dass Eltern, die dem Kind natürlich am Nächsten stehen, die Hauptleidtragenden sind, ist die scheinbar logische Konsequenz daraus. Aus dem Schussfeld bringen, kann man sich allerdings nicht.

Typisch Trotzkopf – gegen Schubladensysteme

Immer wieder entzücken die Zweijährigen mit ihrer Selbstständigkeit, stets aufs Neue begeistern sie durch ihre Fähigkeiten und Erkenntnisse. Sie sind charmant-chaotisch und voller Neugier auf diese Welt. Mal mutig und mal zaghaft machen sich die Kinder auf den Weg in ihr eigenes Leben.
Eitel Sonnenschein? Nicht lange, denn schon ziehen dunkle Wolken auf, die der friedlichen Kleinkindzeit ein Ende setzen. Mit dem Trotzalter beginnt die Rebellion im Kinderzimmer.

Vom Rockzipfelhelden zum Trotzkopf

Als schönste Zeit der Kindheit bleiben den meisten Eltern die ersten anderthalb Jahre in Erinnerung. Es ist die Zeit, in der aus dem knuffigen Säugling ein aktives Kleinkind wird, also bevor der Wonneproppen zum widerspenstigen Trotzkopf mutiert. Irgendwann um den zweiten Geburtstag herum stellen die lieben Kleinen die Welt auf den Kopf. Sie entdecken den eigenen Willen und werfen alles über Bord, was bislang ihren Alltag voll bestimmte. »Will ich selbst machen!«, gellt der Schrei durch manches Kinderzimmer – und wehe dem, der es wagen sollte, die Pläne des Trotzkopfes zu durchkreuzen. Im Falle eines Falles folgt die »Strafe« auf dem Fuß: Ein Wutausbruch ist das Resultat, das Mütter und Väter auf eine harte Probe stellt. Den kleinen Wüterichen geht es auch nicht besser. Sie sind zornig auf die ganze Welt und liegen mit sich selbst im Clinch.

Mein ist die ganze Welt!

Es ist eine Phase, in der die geistige, sprachliche, seelische und soziale Entwicklung rasant vorangeht und man quasi zuschauen kann, wie aus dem Baby eine kleine Persönlichkeit wird.

Die geistige Entwicklung

Geistige Fähigkeiten entwickeln sich unterschiedlich schnell.

Im zweiten Lebensjahr beginnt das Kind zu denken, zu kombinieren, nachzufragen – und aus den gesammelten Informationen seine Schlüsse zu ziehen. Diese sind allerdings – sehr zum Ärger der Kleinen – nicht immer logisch, führen nicht zu dem gewünschten Ergebnis und lassen sich allzu oft mit den Ansichten der Eltern nicht vereinbaren.

Erstaunlicherweise legen Kinder in diesem Alter auch einen gewissen Ordnungssinn an den Tag: Autos werden in Reih und Glied aufgestellt, Bauklötze geordnet. Die Lieblingsbeschäftigung ist jetzt das Wiedererkennen und Benennen von Gegenständen, die Zeit der Bilderbücher ist gekommen. Auch große Puzzle und Legespiele begeistern die Kleinen. Bei der Wahl der Spielsachen sind die einfachen immer noch die besten. Ausgeklügelte Technik, die das Lernen unterstützen sollen, sind noch völlig fehl am Platz. Die Kinder in diesem Alter wollen den Dingen auf den Grund gehen, brauchen keine vorgefertigten Spielwelten, die die Fantasie letztendlich begrenzen. Im Gegenzug fordern Spiele wie Puzzle oder Bilderbücher auch die Eltern heraus, sich Zeit zu nehmen für ihr Kind. Von diesem Engagement profitieren schlussendlich beiden Seiten.

Die sprachliche Entwicklung

Diese Entwicklungsphase kann von Kind zu Kind stark unterschiedlich verlaufen. Die einen sprechen schon ziemlich schnell verständliche Worte, andere wiederum lassen sich viel Zeit damit. Zwar sprechen die meisten Kinder bereits rund um den ersten Geburtstag die ersten Worte, doch bis daraus ganze Sätze werden, dauerte es seine Zeit. Der Wortschatz vergrößert sich allerdings ständig, schon bald können die meisten Kinder Zwei-Wort-Sätze bilden. Erst kurz vor dem zweiten Geburtstag wird die Sprache allmählich subtiler und das Kind beherrscht die Bildung von Drei-Wort-Sätzen.

Die Kinder sprechen nun mit den Eltern, aber auch mit sich selbst, wenn sie im Spiel vertieft sind. Die Eltern unterstützen die Sprachentwicklung, indem sie zumeist automatisch eine einfache Sprache mit kurzen Satzkonstruktionen verwenden. Wer mit Kinder redet, spricht langsamer, lauter und meist mit höherer Stimme. Die Eltern machen damit intuitiv das Richtige, denn höhere Tonlagen fördern das Auffassungsvermögen der Kleinen. Allerdings neigen Erwachsene in dieser Phase dazu, ihren Kindern zu viel Sprachverständnis zu unterstellen, denn die Kleinen lauschen oft gebannt den Worten der Eltern. Oft wird Gesagtes mit Aufforderungen wie »Versprichst du mir das?« verbunden.

Zuhören klappt besser als selber reden.

Das ist aber zwecklos, weil die Kinder zwar mit einem hinge-
bungsvollen »Ja« antworten, aber in Wirklichkeit den Sinn des
Gesagten noch nicht erfassen.

Die seelische Entwicklung

Die Ausbildung der eigenen Persönlichkeit steht im Mittelpunkt
der seelischen Entwicklung im zweiten Lebensjahr. Das Kind erkennt und perfektioniert Fähigkeiten, genießt neue Freiräume
und stößt dabei aber auch an Grenzen. Immer öfter. Vom eigenen Können euphorisiert, will es immer mehr Sachen selbst machen und ausprobieren. Dabei entwickeln die Kinder eine gesunde Neugier und ebensolchen Ergeiz. Die Entwicklung wird
geprägt vom Erkennen der eigenen Gefühle und Bedürfnisse
(»Ich habe Hunger« oder »Ich mag nicht«), aber vor allem von
der Entdeckung des kleinen, wertvollen Wortes »Nein«. Damit
ist dann der Grundstein für das Trotzalter gelegt.
Loslösung und Abgrenzung, die sich zwangsläufig daraus erge-
ben, werden von den Eltern fasziniert und ängstlich zugleich beobachtet. Oft fällt das Loslassen von elterlicher Seite aber nicht
ganz so leicht, wie es der Freiheitsdrang des Kindes andererseits
erfordern würde. Hier gilt es ein Mittelmaß zu finden, das eigene Erfahrungen ermöglicht, ohne allzu große Risiken einzuge-
hen. Allerdings wird die Balance durch unkontrollierte Wut auf
der kindlichen Seite oft ins Wanken gebracht.

Die soziale Entwicklung

Auch wenn Eltern das ganz wichtig ist: Soziale Fähigkeiten ent-
wickeln sich vergleichsweise langsam. Geduld, Toleranz und
Großzügigkeit sind nicht gerade die Stärken der Zweijährigen.
Es fehlt ihnen noch jeglicher Zeitbegriff – und deshalb ist »Ge-
duld« schon ein Fremdwort. Noch sehen sich die Kinder als
Mittelpunkt des Universums, sind ich-bezogen und egoistisch.
Das sehen die Eltern natürlich gar nicht gerne, aber die einzige
Erziehungsmaßnahme in diesem Alter ist das strikte Vorleben

**Soziale Kompetenz
von Zweijährigen?
Fehlanzeige!**

von gewissen positiven Charaktereigenschaften, denn der Nach-
ahmungstrieb ist noch sehr ausgeprägt. Wer Zweijährige erziehen will, muss ein gutes Vorbild sein.

Damit tun sich die Erwachsenen manchmal schwer, denn ein
Vorbild zu sein bedeutet auch, stets über das eigene Verhalten
nachzudenken. Hinzu kommt, dass sich Verhalten und Emotionen nur selten allein durch Worte transportieren lassen. Unsere
Körperhaltung, die Mimik und Gestik sprechen oft eine ganz
andere Sprache – und noch dazu meist eine, für die sich Kinder
höchst empfänglich zeigen.

Vorbild zu sein ist ein hoher Anspruch und diesem tagtäglich zu
genügen, verlangt den Eltern eine Menge Disziplin ab. Dass das
nicht in jeder Konsequenz gelingt, ist nur allzu menschlich.

Mehr Gewicht bekommen in dieser Phase nun auch die anderen
Kinder. Als Spielkameraden müssen sie allerdings lernen, die
»Besitzansprüche« der anderen zu akzeptieren. Und das fällt
den meisten noch richtig schwer. Zumal die »guten« Freunde oft
in den gleichen Denkmustern feststecken.

Fit für ein Leben voller Bewegung

Die rasante körperliche und motorische Entwicklung im ersten
Lebensjahr ist durch nichts zu überbieten. Und was ab dem zweiten Lebensjahr auf Sie als Eltern zukommt, ist mindestens ebenso
spannend – nur eben ganz anders. Jetzt nämlich nehmen die Kleinen Ihre Nerven unter Beschuss: Mit Mut zum Risiko und blind
für die Gefahr, steuern sie ständig neuen Abenteuern entgegen.

Verzweifelt fragen sich viele Eltern: Muss Trotz sein?

- Zwischen dem 13. und 15. Monat sind die Kinder nicht mehr
  ständig auf die Hilfe von Erwachsenen abgewiesen. Sie können selbst bestimmen, ob sie nun krabbeln, sitzen, stehen oder
  laufen. Zwar sind sie vielleicht noch etwas wackelig auf den
  Beinen, doch ihr Gleichgewichtssinn ist schon gut ausgeprägt.

- Zwischen dem 16. und 18. Monat entwickelt sich der Gleichgewichtssinn vollends, auch wenn sie beim Laufen noch mit den Ärmchen rudern und breitbeinig daher kommen. Aber dann geht es Schlag auf Schlag: Sie laufen rückwärts, erklimmen Treppen und können Gegenstände aufheben, ohne dabei gleich auf die Nase zu fallen.
- Zwischen dem 19. und 24. Monat haben manche Erwachsene ihre liebe Mühe dem Nachwuchs zu folgen, vor allem dann, wenn er schon wieder eine Dummheit im Kopf hat. Der eigene Wille bestimmt nun auch die Bewegung. Die Kinder lassen sich jetzt nicht mehr so gerne »anfassen«, sondern bestimmen selbst, was gemacht wird. Ein positiver Aspekt dieser Entwicklungsphase: Die Kleinen lernen Neues durch Nachahmung. Diese Neugier kann man für manche »Erziehungsmaßnahme« nutzen. Leider ahmen sie natürlich auch allerlei Unfug nach, aber damit muss man von nun an leben. So stolz man einerseits auch darauf ist, so anstrengend kann es sein, wenn die Kleinen immer öfter »mit dem Kopf durch die Wand wollen«.

Das Dagobert-Duck-Syndrom

Der Mensch, der mir am nächsten ist: ein Egoist!

Ein gellender Schrei aus dem Kinderzimmer: »Neeein, das ist meeeins!!!!« Die eben noch friedlich spielenden Kinder brechen in heftiges Weinen aus. Auch der sofortige Einsatz der besorgten Mütter kann zunächst keine Klärung herbeiführen. Worum der Streit eigentlich ging, können die Kinder noch nicht erklären. Nur ganz allmählich dämmert es den Erwachsenen, dass es sich wohl um irgendein Spielzeug gehandelt haben muss. Aber um welches? Während die Mütter noch rätseln, haben die Kleinen den Vorfall schon längst vergessen.

Kinder im zweiten Lebensjahr wollen alles haben und nichts hergeben – das ist normal. Sie leiden am »Dagobert-Duck-Syndrom«, denn ähnlich wie der Geizhals aus dem Disney-Comic hocken sie verbissen auf ihrem Eigentum und verteidigen es mit allen Mitteln – im Wesentlichen mit Gebrüll.

Paradox daran erscheint den Erwachsenen, dass sie im Geben so knauserig sind, aber im Nehmen quasi unersättlich. Sie raffen alles an sich, was sie kriegen können, ohne Rücksicht darauf, wem es gehört. Die Eltern sind zumeist beschämt von der Habgier und dem Geiz, den die Kleinen entwickeln.

Psychologisch betrachtet, ist das vollkommen normal und hat seinen Grund in der Ich-Bezogenheit der Kleinen. Sie leben nach dem Motto »Die Welt gehört mir, ich muss sie mir nur nehmen«. Und was sie einmal genommen haben, verbinden sie untrennbar mit der eigenen Person. Dinge, also auch Spielsachen, mit denen sich das Kind umgibt, werden von ihm als Teil der eigenen Persönlichkeit angesehen. Sie sind untrennbar mit dem Kind verbunden, so wie sein Arm oder sein Bein. Dementsprechend fühlt sich das Kind bedroht, wenn ihm etwas weggenommen wird.

Die bevorstehende Trotzzeit kündigt sich auch dadurch an, dass die Kinder »mein« und »dein« unterscheiden lernen. Sie hören immer wieder, wie Erwachsene sagen: »Lass das liegen, das ist meins« oder »Gib mir das Buch zurück, das ist nicht deins«. So erfahren sie, dass gewisse Dinge für andere Menschen tabu sind und dass auch Erwachsene nicht immer großzügig sind. Warum also sollten sie es selbst sein?

Das Kind braucht Situationen, in denen es selbstständig entscheiden kann.

Kleine Forscher auf Entdeckungsreise

Heute ist großer Putztag, und während die Mutter in der Küche werkelt, spielt der zweijährige Marco in seinem Zimmer. Immer wieder kommt er aber in die Küche gelaufen und löchert seine Mutter mit Fragen. Diese ist so in ihre Arbeit vertieft, dass sie nur mit halbem Ohr hinhört. Irgendwann schaut sie auf und stellt fest, dass Marco schon seit einer halben Stunde nicht mehr bei ihr gewesen ist. Sie lauscht und hört nichts. In der ganzen Wohnung ist es mucksmäuschenstill. Anstatt sich zu freuen, dass Marco sie nun endlich in Ruhe arbeiten lässt, wird sie nervös. Sie ruft laut seinen Namen – keine Reaktion. Sie schaut im Kinderzimmer nach – dort ist er nicht. Die Mutter hört ein leises Rascheln und dann die Toilettenspülung. Aber die hört sich irgendwie anders an als gewöhnlich. Schließlich findet sie Marco im Bad, wo er auf einem Berg abgerollter Toilettenpapierrollen thront und gerade noch eine Ladung Papier in der Toilette versenkt hat. Glucksend beobachtet er, wie das Wasser in der Toilettenschüssel immer höher steckt.

Für Eltern wie Kinder gilt: Immer lernt man aus Erfahrung am besten.

Die größten Geheimnisse stecken in den alltäglichen Dingen des Lebens. Für uns Erwachsene ist das nicht immer nachvollziehbar. All das, was die Kleinen fasziniert, nehmen wir Erwachsenen als Selbstverständlichkeit hin. Weil die Kleinen spüren, dass sie bei ihren Entdeckungstouren nicht immer mit elterlicher Unterstützung rechnen können, tun sie es lieber im Verborgenen. Zu den Mechanismen der Elternschaft gehört es eben auch, dass

Sie wollen es wissen!

Die Welt steckt voller Wunder, deshalb ist es geradezu unumgänglich für Kinder, diese gründlich zu erforschen. Verschärft wird die Experimentierlust noch dadurch, dass die Kinder bestimmte sogenannte »Dummheiten« immer wieder machen. Genau so, als ob sie nicht glauben können, was da gerade passiert ist. Die kleinen Wiederholungstäter zerren stark an den Nerven der Eltern, doch zumeist sorgt der unbändige Charme der knapp Zweijährigen dafür, dass die Großen ihnen gar nicht so recht böse sein können.

Mütter und Väter schlagartig nervös werden, wenn es im Haus still wird. Aus Erfahrung wissen sie, dass in den meisten Fällen die Kleinen gerade dabei sind, einen – aus Sicht der Erwachsenen – furchtbaren Blödsinn anzustellen.

Was wir Großen nicht nachvollziehen können, ist die Tatsache, dass Kinder so gut wie noch nichts von den alltäglichen Dingen des Lebens wissen und sie deshalb allem genau und zudem auch wiederholt auf den Grund gehen müssen.

Die Rockzipfelhelden – ganz groß mit zwei?

Tobias (20 Monate alt) ist mit seinen Eltern im Biergarten. Fasziniert sitzt er auf seinem Hochstuhl und schaut dem bunten Treiben zu. Aber nicht lange, dann will er aufstehen. Ein wenig unsicher stakst er auf den Kieselsteinen hin und her, umkreist den Biertisch einmal und noch einmal. Dann ein kesser Blick über die Schulter, und er zieht seine Schleifen einen Biertisch weiter. Die Mutter springt auf und holt ihn zurück. Bis zu dieser Bank und nicht weiter, fordert sie. Tobias nickt. Und schon ist er wieder unterwegs. Immer mutiger werden seine Wege, immer erschöpfter sind seine Eltern – sie beschließen, ihn einfach laufen zu lassen, ihn aber dennoch stets im Auge zu behalten. Es dauert nur wenige Minuten, Tobias zieht weiter seine Kreise, dann bleibt er stehen und schaut sich um. »Na, wo ist denn die Mama?«, scheint er zu denken. Sein Gesicht verzieht sich und er setzt zu einem Schrei an, doch ehe er losbrüllen kann, schließt ihn schon sein Vater liebevoll in die Arme.
Aber Tobias ist keineswegs froh, die Eltern wiederzusehen, er ist nicht erleichtert, auf dem sicheren Arm zu sitzen. Eine Schrecksekunde lang ist er ganz still, dann brüllt er los und tobt, was das Zeug hält. Sein Vater kann ihn kaum noch bändigen. Was Tobias so wütend macht, ist nicht der kurze Augenblick der Ungewissheit, die Eltern aus den Augen verloren zu haben. Es ist

Kleine Helden in Not – der ganz normale Wahnsinn.

die Wut auf sich selbst, die Angst, die seinen mutigen Autono-
miebestrebungen ein so jähes Ende gesetzt hat.

Tobias ist ein typischer Rockzipfelheld an der Schwelle zum
Trotz. Bei manchen Kindern verläuft diese Vortrotzphase scheinbar unbemerkt ab, andere haben sehr darunter zu leiden. Es ist
die Häufung neuer Erkenntnisse, die gerade jetzt kleine Kinder-
seelen belastet. Das ganz normale Leben, es ist härter als gedacht
und die Angst vor der eigenen Courage typisch für das Trotzalter.

Drei Wege der Erkenntnis

Gleich mehrere Erkenntnisse treffen die kleinen Denker,
die noch nicht wissen, wie sie damit umgehen sollen.
1. »Die Welt gehört mir nicht allein!«
2. »Es ist nicht alles richtig, was ich mache.«
3. »Je mehr ich weiß, desto mehr Fragen habe ich.«

Sprache und Einsicht

1. »Die Welt gehört mir nicht allein!«
Bis zu einem gewissen Zeitpunkt in der Entwicklung fühlen sich
alle Kinder wie der Nabel der Welt. Alles dreht sich um die eigenen Bedürfnisse und Wünsche. Doch die sprachliche Entwicklung führt dazu, dass diese Weltsicht auf Dauer nicht aufrecht-
erhalten werden kann. In ihren Köpfen wachsen ständig neue
Erkenntnisse, doch die sprachlichen Möglichkeiten sind noch
begrenzt.

Was ein Kind weiß, kann es noch längst nicht sagen.

Das Kind sagt: »Schöne Puppi«, und strahlt dazu. Was es dadurch seiner Mutter vermitteln möchte, ist, die Puppe gefällt
mir, weil sie so schönes, weiches Haar hat. Man kann die Arme

bewegen und das Kleid auszuziehen, sie würde so gut in den Puppenwagen passen. Weil der Kopf mehr weiß, als das Kind ausdrücken kann, verstehen die Eltern das Kind oftmals falsch und reagieren entsprechend »unangemessen«. Manche Kinder fangen gar an zu stottern, weil sie schneller denken, als sie reden können.

2. »Es ist nicht alles richtig, was ich mache.«

Aber woran erkenne ich, wenn ich etwas falsch mache? Aus dieser Erkenntnis wächst der Trotz. Aus dem passiven Baby ist ein aktives Kleinkind geworden, das eigene Wünsche und Vorstellungen hat. Noch dazu besitzt es nun die Fähigkeiten, manches selbst zu machen. Zwangsläufig begeben sich die Kinder durch selbstbestimmtes Handeln auf Kollisionskurs zu den Ansichten und Vorstellungen der Eltern. Die ersten zaghaften Konflikte werden deutlich und Erziehungsmaßnahmen werden eingeleitet. Auf den Entdeckungsreisen durch den Alltag stößt das Kind zusehends an Grenzen: Mal sind es Mutters mahnende Worte, mal schlichte Physik, die die kindlichen Pläne durchkreuzen. Einen Fehler zu machen, ohne zu wissen, dass es ein Fehler ist, ist das Schlimmste daran. Die Erkenntnis, dass man aus Fehlern auch lernen kann, stellt sich erst allmählich ein.

Josie ist zwei Jahre alt, sie hat Durst und geht in die Küche. Auf dem Esstisch entdeckt sie eine Limonadenflasche und daneben steht auch gleich ein Becher. Na prima, denkt sie, jetzt gieße ich mir selbst etwas ein. Bei den Eltern hat sie es schon tausendmal beobachtet, jetzt ist es Zeit, es selbst auszuprobieren.
Josie klettert auf den Stuhl und versucht, die Flasche zu öffnen, aber es funktioniert nicht auf Anhieb (Physik). Endlich schafft sie es doch, und gießt stolz ihr erstes Getränk ganz alleine ein. Doch dann gießt sie und gießt – bis der Becher schließlich überläuft (ebenfalls Physik), und die Limonade sich über den ganzen Tisch verteilt. Zu allem Überfluss tropft sie auch noch vom

Ein Kind ist stolz auf sich, wenn etwas, egal was, geklappt hat!

Tisch auf den Boden (noch mal Physik). Josie ist entsetzt – und dann kommt auch noch die Mutter zur Tür herein. Sie nimmt Josie die Flasche weg und greift schimpfend zum Putzlappen (strafende Worte – aber wofür?). Josie versteht die Welt nicht mehr: Anstatt für die Eigeninitiative gelobt zu werden, wird sie ausgeschimpft.

Was tun? Ob Josie mehr enttäuscht über sich selbst oder über die Mutter ist, werden wir wohl nie erfahren. Und es wird nicht die einzige Erfahrung dieser Art sein, die sie und ihre Altersgenossen machen müssen.

Übung macht den Meister. Am besten übt man unter elterlicher Aufsicht!

Wichtig ist jedoch, dass Eltern versuchen, in solchen, »minderschweren« Fällen möglichst ruhig zu bleiben. Gewisse Fertigkeiten (wie das Eingießen aus einer Flasche in einen Becher) müssen trainiert und verfeinert werden, so dass sie reibungslos funktionieren. Das können aber Kinder nur, wenn sie dazu Gelegenheit bekommen. Erzieherische Maßnahmen sollten sich also auf Dinge beschränken, die wirklich wichtig sind bzw. gefährlich werden können. Es ist deshalb besser, das Kind beim nächsten Mal zu ermuntern, die Flasche – in Anwesenheit der Eltern – selbst zu öffnen und maßvoll einzugießen. Nur so können Kinder lernen.

Kinder ruhig machen lassen

Eltern, die ihr Kind unterstützen, so dass es Fähigkeiten erlernen und verbessern kann, vermitteln ihm wertvolle Erfahrungen, die es braucht, um selbst zu unterscheiden, was richtig und was falsch ist.
Aber Vorsicht: Verlangen Sie nicht zu viel von Zweijährigen! Auch wenn sie schon so selbstständig tun, vieles wird ihnen trotz Training nicht immer gelingen.

3. »Je mehr ich weiß, desto mehr Fragen habe ich.«

Corinna ist mit ihren zwei Jahren schon recht selbstständig. Am liebsten sitzt sie morgens vor dem Kleiderschrank und sucht sich ihre Kleidung selbst aus. An diesem Morgen hat die Mutter aber einen Arzttermin vereinbart und deshalb müssen beide pünktlich aus dem Haus. Freudestrahlend erscheint Corinna in der Küchentür. »Fertig!«, verkündet sie mit Stolz. Die Mutter trifft fast der Schlag, als sie Corinna in Bermudashorts und Spaghetti-träger-Top vor sich stehen sieht. »Aber Schatz, es ist kalt draußen, und es regnet in Strömen. Da kannst du nicht in Bermudas und Sandalen auf die Straße gehen!« Corinna setzt das Motzgesicht auf und verschränkt demonstrativ die Arme vor der Brust. »Will aber!«, grummelt sie und stampft zur Bestätigung des Gesagten mit dem Fuß auf. »Hör mal,« versucht die Mutter geduldig zu erklären. »Es ist erst März und es regnet, deshalb werden deine Füße in den Sandalen patschnass und eiskalt. Und selbst wenn du die dicke Jacke überziehst, wirst du in den Shorts frieren.« Corinna interessiert das nicht, sie schüttelt den Kopf. »Also zieh dir etwas anderes an, wir müssen gleich zum Arzt«, ergänzt die Mutter. Der letzte Satz bringt Corinna völlig aus dem Konzept, sie versteht nichts mehr und brüllt nur noch »Nein, nein, nein, ich will nicht«.

Was ist geschehen? Corinna war stolz darauf, sich allein angezogen zu haben. Sie weiß nichts von einem Monat März, es ist ihr egal, ob es regnet oder kalt ist. Sie hat noch nicht erfahren, dass man mit Sandalen nasse Füße kriegt und mit den Bermudas im März einen Schnupfen. Und was sie nun überhaupt nicht versteht: Was hat das alles mit dem Doktor zu tun?
Um die Fragen, die sie hat, zu formulieren, reicht ihr Sprachvermögen noch nicht aus. Und überhaupt – die Sache mit dem Arzt beunruhigt sie doch sehr. »Nein« und »ich will nicht« erscheint ihr deshalb (da sie Gefahr im Verzug spürt) spontan als die passende Antwort.

Die unbekümmerte Zeit neigt sich dem Ende zu: Das Trotzalter beginnt.

Das Leben ist spannend

Die Zweijährigen sind hin und her gerissen zwischen Mut und
Angst. Erstaunt stellen sie fest, dass mehr Wissen und mehr
Können nicht nur beruhigt, sondern zumeist noch mehr Fragen
aufwirft und wieder neue Fähigkeiten fordert. Hinzu kommt,
dass die Ansprüche, die an sie gestellt werden, immer umfang-
reicher werden und dass es gar nicht so einfach ist, diesen gerecht zu werden. Doch neue Wege zu gehen, erfordert immer
Mut. Zudem zeigen sich neue Wege erst dann, wenn man sie
geht. Die Kinder spüren bereits die treibende Kraft der Selbstständigkeit und haben doch auch vermehrt Angst vor der eigenen Courage. Jetzt machen sie sich viele Gedanken und überlegen wohl, was sie tun, auch wenn die Entscheidungen, die sie
treffen, nicht immer die richtigen sind. Aber das merken sie nun
schon selbst – und aus dem Rockzipfel-Rambo wird ein kleiner
Trotzkopf.

Im Spannungsfeld des Trotzes – zwischen Lust und Frust

Für die Eltern kommt eine neue Entwicklungsphase oft völlig überraschend, und sie fühlen sich entsprechend hilflos. Die Trotzköpfe toben und strampeln, treten gegen Türen und trommeln gegen Wände. Sie schreien mit hochrotem Kopf, halten manchmal die Luft an und fallen – auch das kann passieren – sogar in Ohnmacht. Dabei sind die Kinder für gute Argumente ebenso wenig zugänglich wie für liebevolle Berührungen. Kurz danach legt sich der Zorn und der Alltag hat wieder ruhiges Fahrwasser. Es ist die Zeit der Extreme.

Worin liegt der Sinn des Trotzes?

Bis sich der Trotz ausgetobt hat, dauert es manchmal nur Minuten, aber manchmal auch eine ganze Stunde. Es ist eine nervenaufreibende Zeit, in der Eltern ihr Kind nicht aus den Augen lassen dürfen. Denn ein Trotzkopf handelt nicht aus Absicht oder gar bösem Willen, sondern ist sprichwörtlich blind vor Zorn. Und genau darin liegt eigentlich die größte Gefahr. Trotzende Kinder brauchen Verständnis und Unterstützung. Deshalb ist es wichtig zu erfahren, was sie bewegt.

Lukas ist dreieinhalb, und damit ist er im klassischen Trotzalter. Zum Nachtisch gibt es heute heiße Kirschen mit Vanilleeis – seine Lieblingsspeise. Zuerst löffelt er das Eis, dann angelt er die Kirschen heraus. Bisher hat er dazu meist die Finger benutzt, weil die kleinen, glitschigen Dinger nicht auf dem Löffel bleiben wollten. Aber heute will er etwas Neues ausprobieren.

Kinder wollen experimentieren – und sie wollen es allein tun.

Das Unternehmen »Kirschen mit dem Löffel essen« gestaltet sich schwieriger als gedacht. »Nimm doch die Finger«, bietet die Mutter an. »Nein«, antwortet Lukas leicht gereizt. »Soll ich dir helfen«, fragt die Mutter. »Will selber machen«, murrt Lukas und kämpft mit den Kirschen.
»Na komm, ich helfe dir doch, schau, so musst du den Löffel halten ...«, die Worte der Mutter verhallen im wütenden Gebrüll. Im hohen Bogen schmeißt Lukas seiner Mutter den Löffel an den Kopf. Mehr ein Zufallstreffer als böse Absicht, aber ein Grund genug für Lukas zu fliehen. Er springt auf und rennt in sein Zimmer.

Wenn Wunsch und Wirklichkeit – so wie bei Lukas gerade passiert – hart aufeinander prallen, geraten Kinder in blinde Wut. Die kleinen Trotzköpfe haben ein starkes Bedürfnis nach Geborgenheit, und gleichzeitig streben sie nach Selbstständigkeit. Sie leben unter Hochspannung, wollen Erfolge und können Misserfolge noch nicht wegstecken. Doch der Weg zum Erfolg ist nun mal von Misserfolgen gepflastert. Die Kinder stellen fest:

- dass es einen großen Unterschied gibt zwischen Wunsch und Wirklichkeit,
- dass sie nicht alles bekommen, was sie wollen,
- und dass die Erwachsenen ihnen noch dazu taktisch und vor allem technisch überlegen sind.

Die Summe der Erkenntnisse macht wütend, ohnmächtig wütend. Und wie geht man nun mit dieser Wut um?

Erste Erkenntnis: Ich kann!

Was denkt wohl der Einjährige, der zum ersten Mal auf eigenen Füßen steht und völlig allein zwei Schritte gemacht hat? Wie muss sich eine Zweijährige fühlen, die einen Becher mit Milch eingegossen hat, ohne zu kleckern? Wenn neue Fähigkeiten erwachen und bislang Unerreichtes erreicht wird, dann muss das ein unbeschreiblicher Triumph sein.

Zwischen dem ersten und dem zweiten Geburtstag haben die Kinder viele solcher Glücksmomente. Nichts von dem, was sie zum ersten Mal alleine machen, ist selbstverständlich. Mit jeder neuen Erkenntnis erweitert sich der Horizont; mit jedem Schritt aus dem Schatten der Eltern gewinnen die Kleinen eine neue Perspektive, gelangen zu neuen Einsichten und zu mehr Selbstvertrauen. Angespornt von diesen Erfolgserlebnissen, erweitert sich der Aktionsradius der Kinder, sie trauen sich immer mehr zu und kommen so zu der Erkenntnis: Das kann ich auch alleine!

> **Jede Erkenntnis ist ein Schritt in die Selbstständigkeit.**

Zweite Erkenntnis: Ich will!

Mit der Erkenntnis, vieles schon allein zu können, wächst auch der Wunsch, manches selbst zu bestimmen. Im zweiten Lebensjahr entdecken Kinder die Gefühle und sind auch in der Lage, diese mit Worten zu vermitteln. Doch Emotionen sind nicht einfach nur schwarz und weiß, nicht nur gut und böse, schön oder hässlich. Gefühle zutreffend zu beschreiben, das bedarf vieler Worte und gerade daran mangelt es den Kleinen noch. Gleichermaßen kompliziert ist es mit dem eigenen Willen. Wer schon viel alleine kann, der muss sich auch entscheiden. Und ständig werden neue Entscheidungen gefordert: Was ist richtig und was ist falsch, tu ich es oder tu ich es nicht, mag ich lieber Schokolade oder Wurstbrot, die blauen oder die grünen Socken? Solche Überlegungen waren Kindern bislang fremd, doch plötzlich gewinnen sie an Bedeutung. Getreu dem Motto »Wer die Wahl hat, hat die Qual« sind die Kleinen erstmals von Gewissenskonflikten geplagt und gleichermaßen überfordert.

Erster Konflikt: »Ich kann noch nicht, was ich tun will!«

Wenn nicht klappt, was klappen soll, dann kommt die Wut.

Mario, knapp zwei Jahre alt, ist in seinem Element. Er sitzt in einem bunten Wirrwarr von Bausteinen und will heute den höchsten Turm seiner Baumeister-Karriere aufstellen. Sorgsam legt er Holzklötzchen auf Holzklötzchen, unten die kleinen, oben die größeren. Kaum reicht ihm der Turm bis zur Brust, fällt er auch schon um. Mario versucht es noch einmal und noch einmal. Immer wieder stürzt sein Bauwerk zusammen. Schließlich springt er wütend auf, stampft mit den Füßen auf den Bauklötzen herum und kickt sie durchs Kinderzimmer. Wütende Tränen kullern über seine Backen.

Luise ist schon fast drei Jahre alt, und am liebsten spielt sie mit ihren Puppen. Sie ist eine gute Puppenmutter. Akribisch hat sie die Puppenkleider mit allem Zubehör auf dem Boden vor sich ausgebreitet. Für die große Babypuppe wählt sie ein viel zu kleines Puppenkleid aus. Mit knapper Not zwängt sie einen Pup-

penarm in das schmale Ärmelchen, aber das zweite will partout nicht passen. Sie dreht und wendet die Puppe, doch auch das nützt nichts. Mit hochrotem Kopf springt sie schließlich auf und schmeißt die Puppe mit voller Wucht gegen die Wand.

Kleine Trotzköpfe gehen auf Kollisionskurs, wenn sie nicht bekommen, was sie wollen. Oft nehmen sie sich einfach zu viel vor, nehmen Dinge in Angriff, die für sie noch nicht zu bewältigen sind. Es mangelt ihnen an Erfahrung und Kombinationsgabe, an Wissen über die tieferen Zusammenhänge der Welt. Auch die grundlegenden Gesetze der Logik und Physik sind ihnen natürlich fremd: Mario weiß noch nicht, dass sein Bauwerk mehr Stabilität hätte, wenn er zuerst die großen, breiten Bauklötze aufeinander schichten würde und dann die kleinen. Luise besitzt noch nicht das richtige Augenmaß, um abzuschätzen, dass der großen Puppe niemals das kleine Kleid passen kann. Beseelt von dem Gedanken, dass der Wille allein genügt, um Berge zu versetzen, sind sich die Kleinen ihrer Sache einfach sicher. Sie handeln nach dem eindeutigen Schema: gedacht – gemacht.

Kinder wollen die Welt entdecken. Doch immer stoßen sie an »lästige« Grenzen.

Zwischen Wollen und Können

Kleine Trotzköpfe wissen noch nichts von Geduld und Ausdauer, sie sind es aus Babytagen gewöhnt, dass ihre Wünsche prompt erfüllt werden. So pendeln sie zwischen Wollen und Können, und es fällt ihnen doch schwer, beides unter einen Hut zu bringen, Zugeständnisse zu machen und Kompromisse zu schließen.

In all der Verzweiflung rennen die kleinen Sturköpfe gegen das Unmögliche an – Grund genug, wütend zu werden, wenn sie ihr Ziel nicht erreichen.

Zweiter Konflikt: »Ich darf nicht das tun, was ich will!«

Morgen ist Sandras dritter Geburtstag. Sie ist schon ganz aufgeregt. Sie schleicht in der Küche herum, während die Mutter den Kuchenteig macht. »Darf ich Mehl?«, fragt sie zaghaft. »Nein, mein Schätzchen. Das gibt nur wieder eine riesige Schweinerei«, erklärt die Mutter. »Darf ich Eier?« bei dieser Frage hat Sandras Tonfall schon etwas Flehendes. «Gleich darfst du, meine Süße«, entgegnet die Mutter. Da klingelt das Telefon und die Mutter geht aus der Küche. Sandra schiebt sich einen Hocker heran und klettert auf den Küchentisch. Sie nimmt die Eier aus dem Karton, schlägt sie auf und wirft sie samt Schale ins Mehl. Zwei, drei, vier Eier landen so im Kuchenteig – als die Mutter in die Küche zurückkommt, hängt Sandra bis zu den Ellbogen in der Mehl-Eier-Pampe. Laut schimpfend trägt die Mutter die tobende Sandra ins Bad und säubert das verklebte Kind.

Es ist nicht nur das eigene Können, was dem Trotzkopf oft im Weg steht, manchmal sind die gewünschten Dinge schlicht verboten. Das Kind wird ausgeschimpft, und es weiß nicht warum.

Was nicht eindeutig verboten ist, ist doch erlaubt, oder?

Zum Beispiel Sandra: Sie will helfen, den Kuchen zu backen. Schließlich ist es **ihr** dritter Geburtstag und **ihr** Geburtstagskuchen. Die Mutter nimmt sich nicht die Zeit, Sandra in die Grundlagen der Kuchenbäckerei einzuführen, sondern vertröstet sie auf später. Sie macht für Sandras Verständnis keine klare Ansage.

Wie so oft sind es solche kleinen Missverständnisse, die den Trotz herausfordern. Sandra weiß, dass man Eier aufschlagen muss, bevor sie in den Teig kommen. Sandra weiß aber nicht, dass die Eier aufgeschlagen werden, um zu vermeiden, dass die Schale mit im Teig landet. Das alles weiß aber die Mutter und deshalb ist sie so wütend, weil Sandra den Teig ruiniert hat – und verklebt ist ihr Kind obendrein.

Und so geht es den kleinen Trotzköpfen scheinbar am laufenden Band: Mutig erklimmen sie das Turngerät auf dem Spielplatz, das Ziel ist schon zum Greifen nah. Da kommen zwei kräftige Arme von hinten und setzen sie schwungvoll auf den Boden der Tatsachen zurück. Begeistert balancieren die Dreijährigen auf dem Bordstein entlang; finden es spannend, so nahe am Seeufer zu spielen; sind stolz darauf, die Zahnpastatube alleine aufgeschraubt zu haben. Und dann das: Die Erwachsenen mischen sich immer wieder ein, durchkreuzen die Pläne, verstehen nicht, was ihrem Kind gerade wichtig ist.

Trotz formt entscheidend den Charakter.

Vom Sinn des Trotzes

Im Gegensatz zu den Kleinen haben die Großen den Überblick, erkennen Gefahren und wissen um die möglichen Folgen. Sie wollen ihrem Kind böse Erfahrungen ersparen, es beschützen und ihm helfen – aber all das will der kleine Steppke gerade nicht. Ob sinnvoll oder sinnlos, Verbote regen den Widerspruchsgeist an und müssen hinterfragt werden. Das Ausloten der Grenzen, das Erforschen des Machbaren – darin liegt der Sinn des Trotzes.

Stressschutzfaktor Fantasie?

Kinder im Trotzalter gehen verträumt und verspielt durch die Welt. Sie leben zwischen Wunsch und Wirklichkeit, sind Grenzgänger zwischen Realität und Fantasie. Wird ihnen die Wirklichkeit zu beängstigend, klinken sie sich einfach aus und lösen durch die Kraft der Fantasie Probleme, an denen sie in der realen Welt scheitern würden. Ihr magisches Weltbild schützt sie vor Stress, macht sie unempfindlich gegenüber einer für sie oft unverständlichen Umwelt. Das hört sich wunderbar einfach an, ist aber leider nur die halbe Wahrheit. Je mehr Erfahrungen Kinder in der realen Welt sammeln, desto schwerer fällt es ihnen, Zuflucht in der schützenden Magie der Fantasie zu finden, desto hilfloser sind sie auch ihren Emotionen ausgeliefert. Sie beginnen das Benehmen ihrer Umwelt zu kopieren, um so passende Ausdrucksmittel für die eigenen Gefühle zu finden.

Ist die Mutter beispielsweise gereizt und nervös, reagieren Kinder in gleicher Weise mit hektischem Aktivismus. Zeigt der Vater sich ungeduldig und impulsiv, tut es ihm der Nachwuchs jähzornig gleich (s. S. 50). So lernen Kinder die ganze Palette menschlicher Gefühle kennen. Doch anstatt auszugleichen, potenzieren sie durch das eigene überzeichnete Nachahmen die Anspannung der Erwachsenen. Diesen Teufelskreis zu durchbrechen, liegt allein in der Hand der Erwachsenen.

Das trotzige Kleinkind kann seine Gefühle noch nicht steuern.

In einem Alter, wo Ehrgeiz noch gesund ist und Niederlagen nicht niederschmetternd sein müssen, funktioniert der magische Schutzfaktor noch recht gut. Die Kinder wissen – aller Wut zum Trotz – instinktiv, wie sie ihre innere Ruhe wiederfinden können. Oft beobachten Eltern, dass schon unmittelbar nach einem Zornesausbruch, ein Kind zur inneren Mitte zurückfindet und sich in ein Spiel vertieft, so als ob nichts geschehen wäre. In diesen Fällen flüchtet der kleine Trotzkopf in seine Traumwelt, in der Probleme lösbar sind, auch wenn man in der Wirklichkeit gescheitert ist. Auf ungewollte Anforderungen und Überforderungen reagieren Kinder intuitiv richtig, indem sie ihren Emotionen Luft machen und sie nicht hinunterschlucken.

Gar nicht so leicht: Vorsicht lernen

Das sogenannte Gefahrenbewusstsein entwickelt sich bei Kindern erst ganz allmählich. So hilflos, wie menschliche Babys geboren werden, sind sie darauf angewiesen, dass die Eltern (oder

die Erwachsenen ganz allgemein) dafür sorgen, dass ihnen
nichts passiert. Wissenschaftler wissen, dass die Entwicklung
des Gefahrenbewusstseins in unterschiedlichen Phasen abläuft:

Erste Phase: Kein Gefahrenbewusstsein

Bis zum Alter von etwa zwei Jahren würden sich Kinder blind-
lings in jede Gefahr bringen, die ihren Weg kreuzt. Sie wissen
noch nicht, dass man von Klettergerüsten stürzen kann oder
dass Herdplatten die Finger schmerzhaft verbrennen können.
Sie kennen nicht die Gefahr, die von einer stark befahrenen
Straße ausgeht oder dass man im See ertrinken kann (es sei
denn, man kann schwimmen). Dass ihnen dieses Gefahrenbewusstsein fehlt, liegt zum einen daran, dass sie noch nicht aus-
reichend schmerzhafte Erfahrungen gemacht haben. Zum anderen fehlt ihnen die »geistige« Reife, um abstrakte Warnungen
oder Erklärungen richtig zu verstehen.

Gefahr erkannt, Gefahr (fast immer) gebannt.

Zweite Phase: Akutes Gefahrenbewusstsein

Diese Phase zeichnet sich dadurch aus, dass Kinder die Gefahr
erst erkennen, wenn sie mittendrin stecken. Diese Phase dauert
etwa bis zum fünften Lebensjahr an. Es ist die Zeit der kleinen
Entdecker und Forscher, die zwangsläufig jeden Tag neue (auch
schmerzhafte) Erfahrungen sammeln.
Wer einmal auf die Herdplatte gelangt hat, weiß, was das kleine
Wörtchen »heiß« bedeutet. Andererseits gibt es so viele Mög-
lichkeiten, sich in Gefahr zu bringen, dass man nicht aus jeder
Erfahrung automatisch die richtige Lehre zieht. Die kleinen
Trotzköpfe stecken in einem richtigen Dilemma.

Dritte Phase: Vorausschauendes Gefahrenbewusstsein

Hat sich der Trotz beruhigt, macht er Platz für die Erkenntnis,
dass man Gefahren durch richtiges Verhalten auch aus dem Weg
gehen kann. Kinder lernen bis zum achten Lebensjahr, Gefahren
im Voraus zu erkennen und richtig einzuschätzen.

Trotz ist besser als sein Ruf

Nimmt man die Summe dessen, was das Kind im sogenannten Trotzalter lernt, welche Fähigkeiten es perfektioniert, welches Wissen es anhäuft, dann ist die Bilanz durchweg positiv. Es entwickelt eigene Ideen und erreicht selbstständig Ziele, die es sich gesteckt hat. Dadurch gewinnt es Selbstvertrauen und entwickelt einen gesunden Ehrgeiz. Ganz wichtig ist auch: Es stärkt seine Durchsetzungskraft.

Allerdings durchlebt der Trotz auch unterschiedliche Stadien. Wenn die Kleinen – die Zwei- bis Dreijährigen – am heftigsten und vehementesten trotzen, so sind ihre Absichten in den meisten Fällen doch durchweg unschuldig. Es ist in der Tat die schiere Verzweiflung, die sie treibt.

Die Trotzphasen werden seltener, wenn die kleinen Trotzköpfe älter werden. Kinder zwischen vier und sechs Jahren setzen die Trotzanfälle auch schon das eine oder andere Mal gezielt ein, um etwas zu bekommen, was ihnen verweigert wird.

Selbstvertrauen, Durchsetzungskraft und Ehrgeiz kann man nur im Trotz lernen.

Trotzköpfe – zwischen Ohnmacht und Selbstüberschätzung

Das Trotzalter ist ein wichtiger Lebensabschnitt, ein Meilenstein in der Entwicklung der eigenen Persönlichkeit. Auch wenn in diesem Buch ständig von Trotz und Trotzalter die Rede ist, für das Kind steht dieses Verhaltensmuster **nicht** im Vordergrund. Sein Bestreben lässt sich besser mit dem Wunsch nach eigenständigem Handeln, dem Schmieden eigener Pläne und deren Verwirklichung beschreiben. Das Forschen und Experimentieren, die Neugier und der Wissensdurst, nicht die Verzweiflung und der Frust stehen im Mittelgrund des Trotzalters.

Marie sitzt vor dem Kleiderschrank, sie will sich neue Socken anziehen. Die roten oder die grünen, die blauen oder die gelben?

Sie probiert das rote Paar – und zieht sie wieder aus. Dann zieht sie die grünen an – und zieht sie wieder aus. Marie kann sich nun einmal nicht entscheiden. Sie zieht eine blaue und eine grüne Socke an, wieder entspricht das Ergebnis nicht ihren Vorstellungen. Schließlich rennt sie wütend (und barfuß) aus dem Zimmer. Warum hat der Mensch denn nur zwei Füße, und warum gibt es so viele Socken?

Es gilt, die positiven Aspekte der kindlichen Neugier zu erkennen.

Täglich Entscheidungen treffen

- Wer eigene Wünsche und Ziele hat, der muss auch lernen, Entscheidungen zu treffen.
- Hat man die Wahl zwischen zwei Dingen und entscheidet sich für eines, muss man auf das andere verzichten. Möchte man lieber Eis oder Gummibärchen, lieber Apfel oder Banane, lieber Spaghetti oder Pizza, lieber Spielplatz oder Zoo?
- Jeden Tag, so lernt das Kind, gilt es viele kleine und auch große Entscheidungen zu treffen, die automatisch mit Verzicht einhergehen.
- Das als Gesetzmäßigkeit zu akzeptieren, ist schwer – vor allem deshalb, weil man am liebsten alles haben will und auf nichts verzichten möchte.

Ein Plädoyer für den Mut zur Neugier

Die meisten Wünsche und Absichten werden zudem von den Eltern durchkreuzt, mit Tabus und Regeln belegt, die ein Kind schlicht nicht versteht. Vor allem wenn es um Dinge geht, die doch so spannend zu erkunden sind und auf deren Ausgang man so neugierig ist: Wie viel Toilettenpapier ist auf einer Rolle, und wie viel davon passt in die Toilettenschüssel? Was passiert, wenn man in Mutters Make-up-Puder Wasser träufelt und es dann mit dem flauschig weichen Pinsel auf den Spiegel malt? Wie fühlt sich Mehl an? Wie schön ist es doch Zucker durch die Finger rieseln zu lassen? Und: Passt der eigene Kopf in die Salatschüssel? Es gibt so viel zu erforschen – fangen wir doch am besten gleich einmal damit an.

Alle Eltern können auf ein großes Repertoire solcher »Heldentaten« zurückgreifen. Aber was die Großen als »Unfug« einstufen, sind für die Kleinen wichtige Erfahrungen. Kinder in der Entdeckerphase kommen auf die verrücktesten Ideen, aber das sehen nur wir Erwachsenen so kritisch.

Nun gut, einmal Mehl auskippen, einmal Zucker zwischen den Fingern durchrieseln lassen, einmal Toilettenpapier abrollen, damit könnten wir Erwachsenen ja noch leben. Doch die meisten Experimente laden zum Wiederholen ein – und da sind die Großen schnell überzeugt, dass es sich um Absicht handelt (s. S. 24). Tut es aber nicht, denn woher soll der kleine Knirps wissen, ob auf jeder Rolle die selben schönen Papierblättchen sind wie auf der vorherigen. Woher soll er wissen, dass Mehl sich immer weich anfühlt und Zucker immer so zart durch die Finger rieselt? Es sei denn, man probiert es noch einmal aus. Unterschätzen Sie auch nicht das angenehme Gefühl dabei. Wie soll ein Kind lernen, dass man durch Drücken auf den Lichtschalter das

> **Ein Kind lernt nur, indem es ständig wiederholt.**

»Jugend forscht«

Bremst man die spontanen Forschungsprojekte durch all zu viele Regeln und Verbote, wird ein aufgewecktes, neugieriges Kind schnell schüchtern und mutlos. Es traut sich nur noch wenig zu und verliert unter Umständen das Interesse an der Umwelt.

Licht an- und ausschalten kann, wenn nicht dadurch, dass es diesen Vorgang immer wieder ausprobiert?

Ist der Lernprozess einmal abgeschlossen, wird der Gegenstand schnell uninteressant. Auch wenn es Sie überrascht: vom unermüdlichen Forscherdrang Ihres Kindes können Sie selbst auch profitieren. Denn zusammen mit einem neugierigen Kind haben Sie die Chance, die Welt mit völlig neuen Augen zu betrachten – zum Beispiel die zarte Schönheit einer Wiesenblume oder die filigrane Perfektion einer gemeinen Stubenfliege.

Zugegeben, nicht alle Entdeckungsreisen der lieben Kleinen lassen sich in so poetische Worte fassen, aber dafür entschädigen uns die Kinder mit ihrem ungeheuren Charme.

Trotz ist, wenn man es trotzdem macht!

Schiebt man die Entdeckungsfreude allerdings dem Trotz in die Schuhe, so unterstellt man seinem Kind damit (unbewusst?), dass es mit Absicht handelt. Das ist eigentlich auch richtig, nur macht es das **nicht** in der Absicht, die Eltern zu verärgern, sondern im Glauben, seine eigenen Wünsche zu realisieren. Das Wort »Trotz« suggeriert zudem, dass das Kind im Unrecht ist und – im Umkehrschluss – wir Erwachsenen im Recht sind. Aber vor dem erklärten Hintergrund ist das schlicht ungerecht. Kinder, vor allem die Zwei- bis Dreijährigen, setzen den Trotzanfall nicht als Mittel zum Zweck ein. Es ist die abgrundtiefe Verzweiflung, die sie in die unbändige Wut treibt. Sie sind auch verzweifelt darüber, dass der eigene Wille sich nicht mit dem von Mutter oder Vater vereinbaren lässt.

Im Wort »Trotz« schwingt schließlich auch etwas Negatives mit. Denn es fällt schwer, die ständigen Gefühlsausbrüche positiv zu bewerten. Und auch das Schlüsselwort des Trotzes, das rigorose »Nein«, ist eindeutig negativ besetzt. Doch auch darüber lohnt sich ein kurzes Nachdenken:

Trotz ist negativ besetzt. Daran ist das Wörtchen »Nein« schuld.

Das rigorose »Nein«

Unzählige Male setzen wir dieses kleine Wörtchen jeden Tag ein, ohne auch nur große darüber nachzudenken. Aber hinter einem »Nein« stecken unter Umständen viele verschiedene Botschaften.

Nein – ein unerlässliches Wort in der Trotzphase

- Nein heißt: bis hierhin und nicht weiter!
- Wann sagen Sie – von konkreten Gefahrensituationen einmal abgesehen – »Nein«? In der Regel tut man das, um genug Zeit zu haben, sich eine vernünftige Argumentation zurechtzulegen.
- Den Kindern geht es nicht anders: »Nein« schafft einen Freiraum, den sie vor allem brauchen, um sich eine eigene Meinung zu bilden.
- Das Wörtchen schafft sofort Distanz, wo Nähe bedrückend empfunden wird oder wo man sich einer Anforderung von außen widersetzen will.

Unbeschadet durch das Trotzalter – vom Umdenken und Mitdenken

In puncto Erziehung ist das Trotzalter für Eltern die erste große Herausforderung. Mit Elan und Schwung geht man sie an – und stößt doch schon bald an seine Grenzen. So einfach wie gedacht, ist es nicht. Und mit Intuition allein ist es auch nicht getan. Der Trotz lässt sich nicht verhindern. Dass daran auch etwas Gutes ist, kann man kaum erkennen. Wie Sie lernen, im Trotz nicht unterzugehen, erfahren Sie im folgenden Kapitel.

Im Trotz nicht untergehen

Kinder brauchen Grenzen, aber sie brauchen auch Freiräume.
Sie brauchen Nähe und sie fordern Distanz. Kinder muss man
überzeugen, anstatt ihnen nur zu verbieten. Kinder soll man
ernst nehmen und sie nicht auslachen. Im Trotzalter tun sich in
der Erziehung viele Gegensätze auf, die den normalen Maßstä-
ben entgegenlaufen. Wie aber schafft man den galaktischen Spa-
gat zwischen Grenzen und Freiraum, zwischen Konsequenz und
Kompromiss, zwischen Strenge und Nachgiebigkeit, zwischen
Wut und Ausgeglichenheit?

Ideologie oder Ansichtssache: Was ist Erziehung?

Kinder haben es nicht leicht. Sie müssen sich an- und ausziehen
lassen, und sie werden ins Bett geschickt, sie müssen essen, was
auf den Tisch kommt, und dürfen nur trinken, was den Zähnen
nicht schadet. Man putzt ihnen die Nase und wischt ihnen den
Mund ab – und das immer dann, wenn es den Erwachsenen
passt. Kommentarlos müssen sie es über sich ergehen lassen, das
die Großen ihr Aussehen, ihr Wachstum, ihren Zahnzustand, ihr
Benehmen und ihren Charakter samt Zukunftsaussichten unter
die Lupe nehmen. Was würden wohl wir Erwachsenen denken,
wenn man so über uns verfügt?

Die Erziehung im Trotzalter ist von Gegensätzen geprägt.

Aber nein, ganz so schlecht ist die Kinderwelt auch wieder
nicht. Es ist allerdings eine Welt mit Grenzen, die Erwachsene
gezogen haben und die Kinder akzeptieren müssen, sollen und
können. Diese ganze Konstruktion nennt man Erziehung.
Doch in Sachen Erziehungsarbeit gibt es nun mal wenig Kompromisse und keine Um- oder Auswege. Wir können uns nicht
irgendwie so durchmogeln und glauben, es wird schon werden.
Die Eltern der kleinen Trotzköpfe stecken in einer besonders
hektischen Phase, die im Wesentlichen von Unsicherheit und

Ratlosigkeit gekennzeichnet ist. Das Trotzalter einigermaßen heil zu durchstehen, ist die erste Bewährungsprobe für Ihr persönliches Erziehungskonzept.

Die ersten fünf Jahre

Ob ein Kind zu einem offenen, liebenswürdigen und vertrauensvollen Menschen heranwächst oder zu einem kaltschnäuzigen, egoistischen und aggressiven Erwachsenen wird, legen die Eltern durch ihre Erziehung in den ersten fünf Lebensjahren fest. Es wundert also nicht, dass die Erziehung eines Kindes ständiger Diskussionspunkt zwischen Eltern ist. Harmonie gibt es nur selten.

Der Kampf um die Positionen: Papa ja – Mama nein!

Luis' Mutter werkelt in der Küche, sie weiß ihre beiden »Männer« im Hobbyraum. Plötzlich steht ihr Mann hinter hier, gießt sich seelenruhig ein Glas Saft ein und trinkt es genüsslich aus. »Wer hämmert denn da?«, fragt die Mutter irritiert. – »Luis, denke ich mal«, antwortet der Vater. »Etwa mit dem Hammer?«, fragt sie und kommt sich gleich ziemlich dämlich vor. »Natürlich mit dem Hammer«, sagt der Vater, » der Junge muss es schließlich lernen.« Die Mutter wird leichenblass. Muss Luis das wirklich lernen? Immerhin ist er gerade mal vier Jahre alt.

Erziehung, so macht dieses Beispiel deutlich, ist im Wesentlichen Ansichtssache und in den meisten Familien ist Erziehungsarbeit in unterschiedliche Zuständigkeitsbereiche gegliedert. Die Mutter ist zuständig für Mützen im Herbst und lange Unterhosen im Winter; ihr Bereich ist die gesunde Ernährung und Milchzähne

Ein anderes Modell: Vater macht den Abwasch, Mutter baut mit Lego!

ohne Karies. Der Vater ist für die praktischen Dinge des Lebens verantwortlich: Er baut Legohäuser und konstruiert Modellflugzeuge, er gibt Fahrradunterricht und vermittelt die Kunst des Umgangs mit Hammer und Nagel.

Und trotzdem gibt es immer noch genug Gelegenheit, unterschiedlicher Meinung zu sein. Selbst Mütter und Väter, die sich grundsätzlich in Erziehungsfragen einig sind, beziehen im Alltag unterschiedliche Positionen. Die Ansichten klaffen so weit auseinander, weil die Mutter im täglichen Zusammensein mit den Kindern andere – strengere oder lockerere – Grenzen zieht als der Vater. Er ist zumeist nur am Wochenende verfügbar und versucht dann nachzuholen, was er verpasst hat. Entweder er ist großzügiger, um Stress mit dem Nachwuchs zu vermeiden oder er ist strenger, um seine Autorität zu untermauern. Widersprüche in der Erziehung tun keinem gut, die Kinder sind – subjektiv betrachtet – die Gewinner des Hü-und-Hott-Verfahrens: Was die Mutter (wahlweise der Vater) nicht erlaubt, kann man vielleicht beim anderen loseisen – oder umgekehrt. Die Kleinen beherrschen schon früh das Spiel auf der Toleranzskala.

Einigkeit schafft Sicherheit

Einigkeit tut also Not. Sie darf jedoch nicht dazu führen, dass Eltern eine Einheitsfront **gegen** das Kind aufbauen. Einigkeit in der Erziehung gibt in erster Linie Sicherheit und ist die Basis für Vertrauen.

Grenzen geben Kindern Sicherheit.

Die Sicherheit hat viele Gesichter: Es sind die Grenzen, die beide Elternteile liebevoll festlegen; es ist das Gefühl, als Kind auch eigenverantwortlich handeln zu dürfen. Aber es ist auch die Sicherheit, von den Eltern gleichermaßen geliebt und als eigene Persönlichkeit ernst genommen zu werden.

Im Gegensatz dazu führt Uneinigkeit zu Unsicherheit. Es geht dabei jedoch nicht um die kleinen Hüs und Hotts des Alltags, sondern um die Grundlagen der Erziehung. Durch unterschiedliche Meinungen lernen Kinder nämlich auch, dass es möglich ist, von alten Positionen abzurücken und neue Positionen zu beziehen. Sie lernen, dass es im Leben mehr als eine Wahrheit gibt und dass man nicht gleich verzagen muss, wenn man einmal einen Willen nicht durchsetzen kann. Sie lernen Kompromisse zu schließen, erfahren, dass es nicht nur ein Entweder-oder, sondern gleichermaßen ein Sowohl-als-auch gibt. Auf den Punkt gebracht bedeutet das: Einigkeit vermittelt Sicherheit, aber im Umkehrschluss bedeutet es nicht automatisch, dass Uneinigkeit verunsichert.

Die Frage ist natürlich: Brauchen kleine Trotzköpfe eine ganz besondere Erziehung? Nein, das brauchen sie nicht. Allerdings gilt es, das eigene Erziehungsverhalten zu überprüfen und den trotzigen Umständen anzupassen. Pauschale Erziehungstheorien taugen für den Alltag ohnehin wenig, deshalb muss man sich und seine Familie schon genau anschauen, um zu wissen, was der beste Weg ist.

Streit erzeugt Unruhe

Wer richtig streitet und sich anschließend wieder versöhnt oder einen Kompromiss schließt, bietet dem Kind eine wertvolle Erfahrung. Denn Streit zwischen Eltern generell aus dem Umfeld der Kinder zu verbannen, ist in normalen Beziehungen schier unmöglich. Zudem sollte man sich keine Illusionen darüber machen, wie viel Kinder mitbekommen, wenn man hinter verschlossenen Türen streitet. In Bezug auf Emotionen sind die Kleinen höchstsensibel. Und wenn zwischen Mutter und Vater »dicke Luft« ist, kriegen die Kinder das garantiert mit – wissen es aber nicht einzuordnen. Das ist dann fast noch tragischer als ein offener Streit, der mit »fairen Waffen« (siehe Kasten S. 50) ausgefochten wird.

Es ist nicht ganz einfach, sich vor den Kindern auseinanderzusetzen. Aber tun Sie es ruhig.

> **Wenn Eltern streiten – ein paar Tipps**
>
> • Sie sollten stets den anderen ausreden lassen und ihm
>   nicht ins Wort fallen.
> • Sie dürfen den Partner auf keinen Fall beleidigen oder
>   persönlich angreifen.
> • Vermeiden Sie es »alte Geschichten« aus dem Hut zu
>   zaubern, nur um im Streitfall besser dazustehen.
> • Unterstellen Sie dem Partner keine böse Absicht.
> • Und das Allerwichtigste: Einigen und versöhnen Sie sich
>   vor den Kindern.

Die acht Eckpfeiler der Erziehung

Was für ein Typ ist Ihr Kind?

Ist Ihr Kind munter und quirlig oder ruhig und überlegt? Je nach Typ ergibt sich die spezielle Mischung, die einen individuellen Erziehungsstil prägt. Aufgeweckte Kinder brauchen naturgemäß mehr Grenzen als solche, die ohnehin meist »vernünftig« handeln. Die einen sind taub für Verbote, die anderen brechen schon bei leicht erhobener Stimme in Tränen aus. Nur wer sein Kind genau beobachtet, kann individuelle Grenzen ziehen. Ganz wichtig ist es auch, sich selbst richtig einzuschätzen: Ist man beispielsweise selbst unordentlich, kann man das Kind schwer zur Ordnungsliebe erziehen. Ist man selbst gut durchorganisiert, fällt es schwer, nur im Umgang mit dem Kind spontan und locker zu sein. Bei Konflikten kommt es darauf an, welche Lösungsstrategie man selbst bevorzugt. Daher ist es nicht verwunderlich, wenn man sich zum Beispiel selbst des Öfteren laut aufregt, dass das Kind es ebenso tut. Beim Maß der Dinge sollte man sich stets fragen, was einem wirklich wichtig ist, und diese Punkte gewinnen automatisch mehr Gewicht.

1. Grenzen setzen!

Grenzen sind wichtig, denn sie stecken den Freiraum des Kindes ab. Deshalb sollten sie durchaus großzügig bemessen sein. Überlegen Sie, was wichtig ist! In erster Linie sind es Grenzen und Regeln, die die Sicherheit des Kindes angehen. Also nicht auf die Straße rennen, ohne Mutters Hand zu nehmen. Nicht auf die Herdplatte fassen, weil man sich verbrennen kann. Nicht mit der Haushaltsschere hantieren, weil man sich dabei schnell schneidet.

Schwieriger sind Grenzen zu ziehen, die das soziale Verhalten und das gute Benehmen betreffen: Wie wichtig ist es, dass Kinder am Tisch still sitzen? Muss es wirklich sein, dass Kinder der fremden Frau die Hand geben? Dass sie sich für jede Handreichung bedanken? Ist es wichtiger, dass das Kind zurückhaltend und hilfsbereit ist, oder muss es lernen, sich durchzusetzen und »gesunden« Egoismus zu entwickeln? Jeder Eckpfeiler des persönlichen Grenzgebiets will wohl überlegt sein.

2. Liebe zeigen!

Kinder müssen sich stets der Liebe der Eltern sicher sein, auch wenn sie mal etwas wirklich Dummes anstellen. Dann fällt es ihnen leichter, auch Strafen zu akzeptieren, ohne dass ihr Selbstwertgefühl leidet. Durch Liebesentzug straft man beispielsweise mit Formulierungen wie »Du bist ein böses Mädchen« oder »Wenn du so böse bist, habe ich dich gar nicht lieb« oder noch schlimmer »Wenn du weiterhin so frech zu mir bist, dann gehe ich weg.« Solche Drohungen verletzen und ängstigen das Kind von Grund auf. Besser ist es deshalb, »sachlicher« zu schimpfen. Zum Beispiel: »Das, was du gemacht hast, ist böse!« Der wichtige Unterschied liegt darin, die Dummheit, die das Kind vielleicht gemacht hat, klar von der Person des Kindes abzugrenzen. Das ist nicht immer so leicht, denn im Eifer der eigenen Wut schießen auch Eltern diesbezüglich schon einmal gerne über das Ziel hinaus. Aber selbst wenn das einmal passieren

Die schlimmste aller Strafen: Liebesentzug!

sollte, ist es noch nicht zu spät, den Fehler wieder zu korrigieren. Eine Entschuldigung im freundlichen Ton ist dann durchaus angebracht und wird sicher auch akzeptiert.

3. Sagen, was man wirklich will!

Das ist leichter gesagt als getan. In der täglichen Erziehung ist man immer wieder versucht, Verbote gesetzesmäßig auszusprechen. »Was ich sage, wird getan – und damit basta!« Das macht es für Kinder schwierig, das Verhalten der Eltern abzuschätzen, und weckt dazu den Widerspruchsgeist. Mit etwa drei Jahren lernen Kinder allerdings auch, Einsicht zu zeigen. Besser ist es deshalb, sich so früh wie möglich daran zu gewöhnen, Verbote zu begründen. Positiver Nebeneffekt: Man findet dabei schnell heraus, welche Verbote sinnvoll und welche überflüssig sind. Im alltäglichen »Erziehungsgeschäft« findet man oft nicht die richtigen Beispiele und Erklärungen, um Verbote, die wichtig sind, zu begründen und durchzusetzen. Dann lohnt es sich aber durchaus, darüber nachzudenken, warum man in dieser oder jener Situation so rein impulsiv reagiert hat. Sich klar und deutlich auszudrücken kann man lernen und wer es rechtzeitig übt, zieht nur Vorteile daraus.

Achten Sie darauf, dass die Verbote und deren strikte Einhaltung nicht zur Prinzipienreiterei ausarten.

4. Konsequent bleiben!

Konsequenz in der Erziehung ist etwas Wunderbares. Wer stets alle Prinzipien durchhält, kann stolz auf sich sein. Weil das aber oft nicht ganz so einfach ist, sollte man sich aufs Wesentliche beschränken. Zum Beispiel darauf, dass wirklich wichtige Grenzen beachtet werden. Um auch dem Kind das Einhalten von bestimmten Geboten zu erleichtern, muss man diese klar und deutlich, nicht kompliziert und umständlich, formulieren.
Ein Beispiel: Bienen und Wespen werden im Sommer von süßen Naschereien angezogen und gefährden deshalb ein Kind, das draußen isst. Für das Kind ist es schwer nachvollziehbar, wenn das Essen von Bonbons und Schokolade im Freien verboten ist,

jedoch Salzstangen erlaubt werden. Besser wäre es in diesem Fall, generell festzulegen: Im Sommer wird draußen nicht genascht, und zwar weder Schokolade noch Salzstangen.

Im Laufe des Zusammenlebens mit dem Kind wird es viele Verbote geben, die in sich nicht immer so logisch sind. Man muss aufpassen, dass man sich bei aller Konsequenz nicht selbst ein Bein stellt.

Kinder, die partout nicht hören wollen, fühlen sich oft durch zu viele Verbote verwirrt.

5. Mehr loben als strafen!

Schon Zweijährige sind ungemein selbstständig. Man ist versucht, vieles, was sie selbst tun, als selbstverständlich anzusehen. Doch: Kinder wollen oft mehr, als sie können, und entsprechend geht auch **mehr** schief. Da fällt das Schimpfen leicht, und man vergisst im Gegenzug das Lob. Aber genau diese Anerkennung ist wichtig und beugt auch manchem Trotzanfall vor. Bevor Sie also in die Luft gehen, schauen Sie genau hin: Hat das Kind aus Absicht etwas Dummes gemacht oder ist ein Projekt in guter Absicht schiefgelaufen?

6. Angemessene Strafen wählen!

Blinde Wut ist ein schlechter Ratgeber, wenn es um angemessene Strafen geht. Beachten Sie stets, dass die »Strafe« einen Bezug zur Situation hat! Also nicht ins Bett schicken, weil es mit harten Gegenständen geworfen hat; nicht den Nachtisch streichen, weil es die Blumenerde im Wohnzimmer verstreut hat; nicht sein Spielzeug wegnehmen, weil es seinen Becher umgekippt hat. Besser ist es beispielsweise, wenn gerade ein Spielzeugauto durchs Wohnzimmer flog, dieses für eine gewisse Zeit zu entziehen. Hat das Kind einen Becher ausgekippt, soll es die Milch mit einem Lappen selbst aufwischen. Hat es Blumenerde im Wohnzimmer verstreut, soll es diese mit einer Schaufel zurück in die Blumentöpfe befördern. Natürlich sind manche Kinder noch zu klein, um solche Wiedergutmachungen allein zu leisten, deshalb darf man ihnen ruhig dabei helfen. Oft ist die »Wiedergut-

Nicht immer ist es
leicht, »angemes-
sen« zu bestrafen.

machung« durch einen Zwei- oder Dreijährigen gar nicht möglich. Trotzdem sollte man sich bemühen, Zusammenhänge deutlich werden zu lassen.

Ein absolutes »Nein« sei an dieser Stelle allen »schlagenden Ar-
gumenten« erteilt. Ein Klaps auf den Po oder eine Ohrfeige haben noch keinem Kind gutgetan. Wenn Eltern ganz ehrlich sind,
verschafft diese Art der Strafe auch ihnen keine Befriedigung.
Noch schlimmer wird es, wenn man die Bestrafung delegiert.
Mit Worten wie »Warte nur, bis der Papa nach Hause kommt«
schürt man Ungewissheit und Angst.

7. Konflikten aus dem Weg gehen!

Manche sind der Meinung, Kinder müssen Verbote akzeptieren,
auch wenn sie den Sinn nicht verstehen. Andererseits ist Kindern
nur schwer verständlich zu machen, dass sie etwas nicht dürfen,
was den Eltern erlaubt ist. Ob das neue Telefon oder die schicke
Stereoanlage – wenn Papa und Mama daran »herumspielen«
dürfen, warum sollte es also dem Kind verboten sein?
Hartnäckigen Konflikten geht man besser aus dem Weg und
lässt den »Stein des Anstoßes« einfach verschwinden. Außerdem
hat jedes Kind im Laufe des Tages brisante Zeiten, die besonders konfliktträchtig sind. Dann brauchen die Kinder weniger
Strafen, dafür aber umso mehr Verständnis.

8. Zu viele Verbote machen immun!

»Nein« und »Lass das« gehen uns leicht über die Zunge, führen
aber schnell zu einer Flut von Verboten, die für die Kinder un-
übersichtlich und nicht einzuhalten sind. Je sparsamer Sie mit
Verboten umgehen, desto wirkungsvoller zeigen sie sich, wenn
man sie wirklich braucht. Zu viele Verbote machen Kinder taub,
und sie hören einfach nicht mehr hin. Fatal wird das, wenn es
um die wirklich wichtigen Dinge geht und man sich dann so gar
kein Gehör mehr verschaffen kann.

Trotzanfällen vorbeugen – immer mit der Ruhe

Die Grenzen, die Eltern in der Erziehung setzen, bilden den Raum, in dem das Kind sich frei bewegen und eigenverantwortlich handeln kann. Im Trotzalter ist es vollkommen normal, wenn Kinder versuchen, diese Grenzen zu durchbrechen oder doch zumindest auf ihre Art zu hinterfragen. Eltern sind also im Zwiespalt: Einerseits müssen Grenzen gesetzt werden, und das geht nun einmal selten ohne Verbote, andererseits bieten Verbote Reibungspunkte für den Trotzkopf.

Rechtzeitig gegensteuern!

Die Grundfesten der Erziehung bleiben auch im Trotzalter gleich. Es wäre sicher nicht gut, gerade jetzt und mit Rücksicht auf das trotzende Kind, das Erziehungsverhalten komplett umzukrempeln. Um verstärktem Trotz jedoch schon im Vorfeld zu begegnen, sollte man frühzeitig Korrekturen vornehmen. Das bedeutet im Einzelnen:

- Grenzen setzen, aber flexibel bleiben
- überzeugen statt verbieten
- ernst nehmen statt auslachen
- Verständnis zeigen statt verständnislos sein
- Fehler eingestehen statt unfehlbar sein wollen
- streiten lernen und wieder versöhnen

Grenzen setzen – aber richtig!

Wie kann man sinnvoll Grenzen setzen? Verbote sind nur eine Möglichkeit.

Kinder wehren sich gegen zu viele Verbote und zu starke Einschränkungen. Bekommt ein Kind hundertmal am Tag zu hören: »Dies tut man nicht«, »Das darfst du nicht«, »Nein, lass das sein«, fühlt es sich von Regeln und Verboten umzingelt. Es mag ja durchaus guten Willens sein, die meisten Vorgaben zu erfüllen, allein die Masse macht es unmöglich, sich alles zu merken. Die kleinen Trotzköpfe geraten unter Druck. Je mehr Regeln es gibt, desto größer wird der Druck und desto wahrscheinlicher kommt es zu Situationen, in denen das Kind diesen Druck abbauen muss. Es reagiert trotzig! Der Trotz verselbstständigt sich und das Kind fordert die Erwachsenen heraus, was wiederum noch mehr Verbote zur Folge hat. Es kommt zu unkontrollierten Wutausbrüchen, bei denen Wäschekörbe ausgekippt, Becher umgeworfen und Spielzeug herum geschmissen wird. Zu viele Verbote lassen das Kind verzweifeln, und die einzige Möglichkeit, sich gegen diese allgegenwärtige Bevormundung zu wehren, ist nun einmal der Trotz, die Verweigerung, die Wut. Die einzig logische Konsequenz für Eltern lautet: Weniger ist mehr.

Regeln und Verbote, die sein müssen

Je geringer die Zahl der Regeln ist, an die sich das Kind halten muss, desto höher ist die Wahrscheinlichkeit, dass es sie einhält. Die Freiheit kann nicht grenzenlos sein. Deshalb müssen auch wir Erwachsenen uns an bestimmte Regeln halten und sie auch an die Kinder weitergeben. Es gibt zwei große Bereiche:

Du darfst nicht ...

Verbote, die lebenswichtig sein können, z. B.:
- »... einfach auf die Straße rennen.«
- »... auf der Balkonbrüstung balancieren.«
- »... mit dem Dreirad aus dem Garten fahren.«
- »... allein mit dem Hammer hantieren.«
- »... den Finger in die Steckdose stecken.«

Verbote, die das Zusammenleben friedlich gestalten, z. B.:
- »... allein die Spülmaschine ausräumen.«
- »... das Legohaus deines Bruders zerstören.«
- »... mit der Telefonanlage spielen.«
- »... Mamas teuren Lippenstift benutzen.«

Auch der Familienfriede kann oft nur durch Regeln erhalten bleiben.

Auch dabei sollte man sich stets auf das Wichtigste beschränken, denn schließlich muss sich der kleine Knirps die Verbote auch merken können. Doch Verbotslawinen vermeiden, das ist gar nicht so einfach. Verbote sollten dazu dienen, dem Kind einen sicheren Rahmen zu bieten, in dem es sich entwickeln kann. Es gibt unterschiedliche Gründe, warum gewisse Dinge verboten sind. Manches gilt in Familien als ungeschriebenes Gesetz, mit anderen will man das Kind vor Schaden bewahren. Am besten ist es, sich einen Überblick zu verschaffen:

Verbote, die das Kind vor Gefahren schützen sollen
Im Straßenverkehr, im Hantieren mit gefährlichen Gegenständen und Substanzen brauchen Kinder klare Regeln, die ohne Wenn und Aber akzeptiert werden müssen. In Bezug auf die Durchsetzung muss man hierbei hart und konsequent bleiben, auch wenn das Kind schreit und tobt. Beispiele für solche Verbote können Sie auf S. 57 im Kasten nachlesen.
Natürlich ist es auch in diesem Fall sinnvoll »kindgerechte« Erklärungen anzubieten, was im Falle der Missachtung passieren kann. Ein konkretes Beispiel:

Moritz ist ein kleiner Forscher. Vor allem der Strom hat es ihm angetan, deshalb haben seine Eltern vorausschauend alle Steckdosen im Haus kindgerecht abgesichert. Weil es aber trotzdem und nicht überall Stromquellen gibt, die perfekt geschützt sind, haben sich Moritz' Eltern eine kleine Geschichte ausgedacht. In der Stromleitung – so haben sie ihrem Sohn erklärt – wohnen die Strommännchen, so wie die Mäuse in einem unterirdischen Bau. Sie sind winzigklein und für das menschliche Auge unsichtbar. Die Steckdose ist quasi die Haustür zum Strommännchenbau und diese Haustür wird streng bewacht. Versucht man mit den Fingern oder einem Gegenstand hineinzukommen, dann gibt es eins auf die Finger, und das tut höllisch weh. Drei Jahre lang konnten sie dadurch Moritz von den Steckdosen fernhalten, drei Jahre lang erzählte er all seinen Freunden voller Ehrfurcht und Respekt von den kleinen Strommännchen tief drin in der Steckdose, die man keinesfalls ärgern darf. Als er knapp sechs Jahre alt war, sollte sein Kinderzimmer frisch ge-

Verbote können durch Geschichten besser transportiert werden.

*strichen werden. Dazu montierte der Maler alle Steckdosen ab –
und ging in die Mittagspause. Keine fünf Minuten später er-
schien Moritz – es bisschen blass um die Nase – bei der Mutter
in der Küche. »Du Mama,« begann er zögerlich, »weißt du eigentlich, dass es den Strommann wirklich gibt?« – Die Mutter
schaute verwundert von ihrer Arbeit auf. »Ja wirklich, und er
haut einem auch auf die Finger.« Erst jetzt bemerkte die Mutter,
dass Moritz sich den Zeigefinger der linken Hand festhielt. Eigentlich dachte sie, die Gefahr solcher Unfälle sei vorbei, doch
sie hatte sich geirrt. Moritz hatte in die ungesicherte Steckdose
gefasst. Gottlob ohne Folgen.*

Verbote, die Gegenstände schützen sollen

Wichtig ist es auch, dem Kind ein Verständnis für den Wert be-
stimmter Dinge zu vermitteln. Deshalb ist es auch sinnvoll, den
Umgang mit gewissen Gegenständen zu verbieten, die durch un-
sachgemäße oder ungeschickte Handhabung Schaden nehmen
können. Was man also beispielsweise nicht tun darf, sind Seiten
aus einem Buch herausreißen, Teller auf den Boden werfen, die
Fernbedienung unter Wasser tauchen usw.

Ausnahme für Trotzköpfe: Im Trotzalter ist es manchmal leichter, kleine Ausnahmen zu machen, die das Kind vom eigentlichen Objekt der Begierde ablenken. Es will Seiten aus einem
Buch herausreißen? Geben Sie ihm eine alte Ausgabe des Tele-
fonbuches. Es will Musik machen? Geben Sie ihm einen alten
Kochtopf und einen Holzlöffel. Die Gläser, die so schön klingen,
verschwinden im Schrank. Betonen Sie jedoch immer, dass es
sich dabei um eine Ausnahme handelt!

**Es lernt sich durch
Erfahrung leichter.**

Verbote, die das Kind vor Schaden bewahren sollen

Manches verbieten Eltern, weil sie befürchten, dass das Kind
Schaden nehmen könnte. Das können ganz handfeste Dinge
sein, wie zum Beispiel nicht auf Herdplatten fassen, weil die
heiß sein können und man sich schmerzhaft verbrennt. Oder aus

Überzeugung, wie beispielsweise das Spielen mit Kriegsspielzeug, weil man das für nicht sinnvoll hält und man dieses nicht im Haus haben möchte.

Für Kinder sind aber Verbote, die es vor einer »fiktiven« Gefahr schützen sollen, schwer nachvollziehbar. Manches wird so lange ausprobiert, bis man ergründet hat, warum es verboten ist. Anderes wiederum ist scheinbar unbegründet, weil ja alle anderen es auch dürfen (zum Beispiel eine Spielzeugpistole haben) und das Kind selbst bekommt keine.

Welches Verbot ist wirklich wichtig? Was also tun? Sich zunächst einmal fragen, ob einem das Verbot wirklich wichtig ist. Klar, die heiße Herdplatte ist wichtig, aber ist es das Kriegsspielzeug auch? Im ersten Fall kann man dem Kind einen Vorgeschmack auf die Konsequenzen geben, also zum Beispiel die Herdplatte anschalten und das Kind fühlen lassen, wie sie sich erwärmt. Ziemlich schnell werden da die kleinen Finger weggezogen und das Verbot akzeptiert. Mit weniger handfesten Gefahrenquellen ist es schon schwieriger: Sie wollen kein Kriegsspielzeug, weil es grausam ist und Krieg nichts ist, was man spielen sollte. Sie wollen nicht einen kleinen Rambo heranziehen. Aber die Nachbarin erlaubt dem eigenen Kind solches Spielzeug. Wenn Sie also Ihrem Kind etwas verbieten, was anderswo erlaubt ist, dann müssen Sie konsequent bleiben. Ihr Kind wird daraus lernen, dass es unterschiedliche Verbote gibt, die gewissen Personen und gewissen Situationen zugeordnet werden.

Ausnahme für Trotzköpfe: Die kleinen Trotzköpfe sind manchmal nur schwer von »fiktiven« Gefahrenquellen abzulenken, weil sie die Tragweite nicht überblicken. Egal, was es ist, überlegen Sie also, welche Argumente für und welche gegen ein Verbot sprechen. Beschränken Sie diese auf ein absolutes Mindestmaß.

Verbote, die den Freiraum eines anderen wahren
Manchmal, wenn Sie die Wäsche machen, wollen kleine Hände helfen. Manchmal, wenn Sie abwaschen, bietet sich die kleine

Küchenhelferin an. Oft, wenn Sie im Garten Unkraut zupfen, zupft der Sohnemann mit. Immer, wenn Sie ein Telefongespräch führen, will Ihr Kind auch einmal »Hallo« sagen. Eltern oder Geschwister wollen meistens Dinge allein und in Ruhe (und deshalb auch oft schneller) erledigen. Aber kleine Trotzköpfe verstehen das nur selten. Sie wollen mitmachen, mithelfen, ernst genommen werden. Um den Familienfrieden zu wahren, ist es deshalb sinnvoll, einige wenige Verbote auszusprechen. Allerdings sollte man an diesem Punkt wohl abwägen und auch kompromissbereit sein. Verbote, die den Familienfrieden erhalten und die Freiräume der einzelnen Familienmitglieder schützen, sind aber durchaus erlaubt.

Ausnahme für Trotzköpfe: Sie sind geradezu süchtig danach, Dinge selbst zu machen und auszuprobieren. Dass es dabei immer wieder zu Interessenskonflikten mit den Erwachsenen kommt, ist logisch. In der Trotzphase ist es wichtig, die Selbstständigkeit zu fördern und immer dann, wenn es möglich ist, das Kind auch mithelfen oder etwas alleine machen lassen. Wer sich in manchen Situationen nachgiebig zeigt, kann sich bei anderer Gelegenheit besser durchsetzen.

Verbote, die etwas mit »Benimm« zu tun haben
Diese sind nun besonders schwer zu erklären und durchzusetzen. Damit das Zusammenleben mit anderen Menschen jedoch klappt, gibt es eine Reihe von Normen und Regeln, die als ungeschriebene Gesetze gelten. Man geht nicht im Schlafanzug in den Kindergarten und man legt nicht die Füße auf den Tisch, man sagt »danke«, wenn man etwas bekommen hat, und »bitte«, wenn man etwas haben möchte. Beim Husten hält man sich die Hand vor den Mund, und man küsst niemanden, der es nicht will.

Das sind Verbote, die Kinder absolut nicht verstehen und die man ihnen auch schwer verständlich machen kann. Zumeist lernen sie diese aber ganz von allein, weil ein Nicht-Einhalten die-

Benimm-Regeln für Trotzköpfe – vergebene Liebesmüh?

ser Normen vom Umfeld entsprechend quittiert wird. Wer im Schlafanzug auf die Straße geht, wird ausgelacht. Wer die Füße auf den Tisch legt, muss sein Essen mit Sand genießen. Wer nicht »danke« sagt, bekommt auch nichts; wer nicht bittet, der hofft vergebens auf die Erfüllung seiner Wünsche.

Ausnahme für Trotzköpfe: Verbote, die den kleinen Trotzköpfen Benimm beibringen sollen, sind jetzt absolut überflüssig. Selbst wenn sie vorübergehend gegen die gängigen Normen verstoßen, so ist das keineswegs dramatisch und als Eltern schaut man besser einfach weg.

Freiheiten schaffen und manchmal auch unvernünftig sein: Dem Kind schadet das nicht.

Grenzen sind wichtig – Freiräume sind wichtiger

Je mehr Verbote das Kind einschränken, desto öfter kommt der Trotz. Grenzen sind wichtig für die Entwicklung des Kindes, aber Freiräume sind noch wichtiger. Diese Freiräume heute in beengten Wohnungen und kinderfeindlichen Großstädten zu schaffen, wird zunehmend schwerer. Manchmal hilft es dann, den Blickwinkel zu verändern und sich nicht zu fragen, was muss ich verbieten, sondern was muss ich erlauben.

Sie sollten erlauben:
- dass der Teddy in der Badewanne Schwimmunterricht nimmt,
- dass das Kind einmal barfuß im Garten durch den Regen läuft (es wird nicht gleich krank) und
- dass sich das Kind einmal richtig dreckig macht.

Kinder brauchen solche »sinnlichen« Erfahrungen, weil sie sonst seelisch verkümmern. Sie können sich nicht alles vorstellen, auch wenn wir es ihnen noch so gut erklären. Manches muss man eben erfahren.

Keine Regel ohne Ausnahme. Das ganze Gerangel um die Grenzen und Regeln, die das Leben zusammenhalten, muss nicht sein, wenn man auch flexibel genug ist, Grenzen zu ändern und Regeln über den Haufen zu werfen. Für den eigenen Seelenfrieden und für den der Kinder ist es wichtig, wenn man auch einmal fünfe gerade sein lässt. Manche Ausnahmen machen Regeln schmackhaft, und deshalb darf man sie sich auch gönnen.

Wichtig für Trotzkopf-Eltern

Lassen Sie sich nicht zu Ausnahmen erpressen, sondern gewähren Sie sie aus freien Stücken. Die Extras, die das Leben schöner machen, müssen als Ausnahme offeriert werden, damit das Kind sie einordnen kann.

Überzeugen statt verbieten

Verbote sind gut und schön – und vor allem sind sie einfach für die Eltern. Besser wäre es allerdings, wenn man das Kind davon überzeugt, dass etwas nicht richtig ist. Das kann man auf zweierlei Weise tun – entweder man gönnt ihm eine Erfahrung oder man erklärt ihm die Gründe für das Verbot kindgerecht.

Praktische Erfahrung hat die größte Überzeugungskraft.

Überzeugen durch praktische Erfahrung

Reden ist Silber, Schweigen ist Gold. Marie hat im Keller ihre alten Winterstiefel gefunden. Freudig präsentiert sie sie der Mutter und besteht darauf, sie am nächsten Morgen anzuziehen, wenn sie in den Kindergarten geht. »Schau mal«, setzt die Mutter zur Erklärung an, »es ist Juni und viel zu warm für die Winterstiefel. Außerdem sind sie dir jetzt schon viel zu klein geworden und deine Zehen werden dir wehtun. Auch hast du sie mit Filzstiften angemalt und da werden die anderen Kinder lachen.« Doch kein Argument zieht, Marie besteht darauf, die Winter-

stiefel zu tragen, zusammen mit dem geblümten Kleid. Maries
Mutter weiß, welche Konsequenzen das Durchsetzen von Verboten hat. In diesem Fall entschließt sie sich, Maries Wunsch zu
erfüllen, und so marschiert diese stolz mit den alten Winterstie-
feln in den Kindergarten. Vorsichtshalber deponiert die Mutter
Maries Sandalen an ihrem Platz im Kindergarten. Als sie sie mittags abholt, rennt Marie ihr in den Sandalen entgegen. Die Winterstiefel sind vergessen.
Die Erfahrung war in diesem Fall besser als jedes Argument.
Marie wird sicher nie wieder im Hochsommer mit Winterstie-
feln losziehen und sie wird sich auch nie wieder in zu kleine
Schuhe zwingen. Der Lernerfolg solcher Überzeugungsarbeit ist
also nachhaltiger.

Überzeugen durch kindgerechte Erklärung

Manchmal jedoch kann man solch erfahrende Überzeugungsarbeit nicht leisten, dann muss man nach kindgerechten Argumen-
ten suchen.

Es ist gar nicht so leicht, kindgerechte Erklärungen für Verbote zu finden.

Johannes ist auf einen Stuhl in der Küche gestiegen und hat eine
Tüte Nudeln aus dem Schrank gefischt. Jetzt sitzt er hinge-
bungsvoll vor dem Nudelberg und schaufelt ihn mit seinem
Bagger in einen Spielzeuglaster. Als seine Mutter zur Tür hereinkommt, stöhnt sie laut. »Nicht schon wieder«, sagt sie. »Ich
habe dir doch erklärt, dass man mit Esssachen nicht spielt.«
Johannes macht ein erstauntes Gesicht. »Warum?«, fragt er. Die
Mutter überlegt, was sie sagen soll. Eine Möglichkeit: »Mit
Essen spielt man nicht – basta!« Eine andere Möglichkeit: »Es
gibt so viele hungernde Kinder auf der Welt, da darf man nicht
so mit Esssachen umgehen.« Beides würde Johannes nicht überzeugen. Sie entschließt sich zu einer anderen Argumentation.
»Schau, du isst doch so gerne Nudeln. Jetzt hast du sie ausgekippt und sie liegen auf dem Boden – ich kann sie also heute
Abend nicht mehr zum Kochen verwenden.« – »Warum nicht?«,

*fragt Johannes. »Weil der Fußboden schmutzig ist und weil du
den Bagger mit im Sandkasten hattest«, erklärt die Mutter.
»Weißt du noch, wie scheußlich der Sand geschmeckt hat, als du
ihn vorhin in den Mund genommen hast?« Johannes nickt.
»Und genau dieser Sand ist jetzt an den Nudeln und wir können
sie deshalb nicht mehr essen.«
Die Mutter von Johannes hat die richtige Erklärungsmöglich-
keit gefunden. Sie wählte keine abstrakten, für das Kind nicht
nachvollziehbaren Argumente, sondern sprach seine eigenen Erfahrungen an. Deshalb wird sie ihrem Verbot »Mit Lebensmit-
teln spielt man nicht« viel mehr Nachdruck verliehen haben.*

Es gibt natürlich auch Umstände, die sich nicht »kindgerecht«
erklären lassen und wo alle Worte nur Schall und Rauch sind
oder das Kind noch nicht groß genug ist, um das Gesagte zu
begreifen. Trotz allem hören sie sehr wohl, dass sich die Erwachsenen bemühen, Verbote nicht nur auszusprechen, sondern
zu erklären – und allein diese Form der Zuwendung, des Ernst-
nehmens, zeigt Wirkung.

Überzeugen durch Anreiz

Kleine Kinder sind bestechlich – leider oder zum Glück. Wenn
gar nichts mehr hilft, dann geraten Erwachsene immer wieder in
Versuchung, Versprechungen zu geben, um eine unangenehme
Situation oder Anforderung schmackhaft zu machen. Das Für
und Wider der Überzeugung durch Anreiz ist vorprogrammiert.
Verspricht man Kindern immer wieder eine Belohnung für bra-
ves Verhalten, leiten sie daraus schnell ein Gewohnheitsrecht ab.
Andererseits erleichtert man sich dadurch ad hoc eine heikle
Auseinandersetzung.
In alltäglichen Zwangssituationen kann man aber durchaus et-
was Ähnliches anwenden. Wird der Einkauf im Supermarkt regelmäßig zum Stress, dann heftet man – für das Kind überschaubar – einen Plan an den Kühlschrank. Und als Belohnung gibt es

**Bestechungs-
versuche sind in
Ausnahmefällen
erlaubt.**

einen Smiley, wenn die Erledigungen ohne Quengeln und Trotzen vonstatten gehen. Bei fünf Smileys darf das Kind eine Tüte Gummibärchen kaufen. So lässt sich positives Verhalten wirkungsvoll positiv verstärken. Jedoch nicht zu oft, denn wer sein Kind häufig für Selbstverständlichkeiten belohnt, macht aus ihm einen Wiederholungstäter.

Überzeugen durch Vorbildfunktion

Vorbild sein – die beste Form der Überzeugung.

Kleine Kinder spiegeln in frappanter Weise elterliches Verhalten wider. Sie lernen oft dadurch, dass sie die Erwachsenen nachahmen. Deshalb nutzt es wenig, dies und das zu verbieten, wenn man sich selbst nicht an die Spielregeln hält.

Marco stürmt kurz nach dem Mittagessen in die Küche und angelt sich aus dem Regal die Keksdose. Die Mutter kocht sich gerade einen Kaffee und schaut den Kleinen verwundert an: »Was soll das denn werden?«, fragt sie. »Du weißt doch, nach dem Mittagessen gibt es keinen Keks, zumal du ja angeblich keinen Hunger hattest.«
Die Mutter gibt in seinem Beisein Milch und Zucker in die Kaffeetasse. Jetzt wird er störrisch. »Du darfst dir was nehmen und ich darf nicht«, bricht es aus Marco heraus. Türen schlagend rennt er aus der Küche.

Bevor man mit einem Kind über ein Verbot argumentiert, sollte man prüfen, ob die Anforderung, die man an es stellt, auch notwendig ist. Sicher, in den Augen der Mutter ist Marco kein besonders guter Esser, und deshalb gilt die Regel, dass er eine ganze Stunde lang nach dem Mittagessen keine Kekse oder andere Esssachen anrühren darf.
Aber wie soll Marco diese Einschränkung verstehen, wenn die Mutter sich selbst eine Tasse Kaffee genehmigt? Für den Kleinen macht das keinen Unterschied. Für Marco überzeugender wäre das »Naschverbot«, wenn die Mutter mitziehen würde.

Kompromisse schließen

Niklas ist knapp fünf Jahre alt und hat sich im Kindergarten für diesen Nachmittag mit seinem Freund Fritz verabredet. Seine Mutter allerdings hat für den gleichen Tag einen Impftermin vereinbart. Er will spielen und nicht zum Arzt – und eine Spritze will er schon gar nicht. Seine Mutter schlägt einen Kompromiss vor: »Erst gehen wir zum Arzt und dann bleibt noch genug Zeit zum Spielen. Fritz kann danach rüberkommen, und wenn es seine Mutter erlaubt, bleibt er auch zum Abendessen.« Das klingt in Niklas' Ohren gar nicht so schlecht. Trotzdem ist er skeptisch, willigt aber schließlich in den Handel ein.

Etwas ältere Kinder kann man schon gut durch Kompromisse bewegen, Dinge zu tun, die sie eigentlich ablehnen. Sie lernen dadurch, dass der augenblickliche Verzicht auf eine Chance nicht bedeutet, dass sie für immer vertan ist. Sie lernen, dass man Dinge verschieben kann.

Kompromisse zu schließen, ist ein ganz wichtiger Entwicklungsschritt und erst nach dem vierten Lebensjahr konsequent einsetzbar. Zwar lassen sich auch jüngere Kinder oft auf einen »Kuhhandel« ein, doch sie besitzen noch nicht die Geduld und die Ausdauer, auf die Erfüllung ihrer Wünsche zu warten.

Aufgeschoben ist nicht aufgehoben. Das zu akzeptieren, fällt auch größeren Kindern schwer.

»Bitte, nimm mich ernst!«

Mit dem Trotzalter erwachen das Ich-Bewusstsein und damit auch der dringende Wunsch des Kindes, in seinen Bedürfnissen und Wünschen ernst genommen zu werden. Aber genau das tun viele Erwachsene nicht: Ihre Arbeit, ihre Hobbys, die Bügelwäsche, das Klingeln des Telefons, der Abwasch – all das hat oberste Priorität. Das Kind läuft so mit. Welche wichtigen Anforderungen hat es denn schon zu stellen? Zum Spielen komme ich gleich, schmusen tun wir später, das kaputte Spielzeugauto repariere ich nachher. Wir Großen sind Weltmeister im Verschieben und Vertrösten, immer mit der Ausrede zur Hand, gerade »noch schnell etwas Wichtigeres« zu tun zu haben. Doch was gibt es Wichtigeres, als dem eigenen Kind Beachtung zu schenken? Ein Kind ernst nehmen, das beginnt beim Zuhören und Hinhören, es beginnt, wenn wir ihm mehr Aufmerksamkeit schenken.

Anti-Trotz-Tipp: Halten Sie sich an Ihre Versprechen.

Und wie reagiert ein Kind, wenn es – seiner Meinung nach – zu wenig Aufmerksamkeit bekommt? In aller Regel trotzt es, denn bei diesem wütenden Verhaltensmuster kann es sicher sein, dass es die Aufmerksamkeit bekommt, die ihm auf »normalem« Weg verwehrt wird. Wut, Aggression und Trotz sind, je nach Altersklasse, immer auch ein Schrei nach mehr Zuwendung und die Aufforderung, ernst genommen zu werden.

Liebe zeigen

Ganz gleich, wie oft und wie intensiv Ihr Kind trotzt, die beste Therapie für kleine Wüteriche ist immer noch, einfach Liebe zu zeigen. Auch wenn Ihr Kind während eines Trotzanfalls dafür im Moment nicht zugänglich ist, nutzen Sie jede andere Gelegenheit, ihm zu zeigen, dass Sie es lieb haben – auch wenn es trotzt.

Erwachsene sind es gewöhnt, mehrere Dinge gleichzeitig zu tun, oft kommen dabei die Kinder zu kurz. Ihnen Zuwendung geben, das tun wir bereits, indem wir schon beim ersten Mal genau hinhören, wenn sie uns ansprechen. Indem wir sie loben, wenn sie etwas geleistet haben, auch wenn uns das manchmal schwerfällt. Es ist doch seltsam, dass schimpfen, vertrösten, abwiegeln, oder aufschieben viel leichter zu gehen scheint. Viele Trotzanfälle könnten vermieden werden, wenn Eltern die zaghafte Bitte »Nimm mich ernst« nicht ständig überhören würden.

Geben Sie den Bedürfnissen des Kindes Vorrang!

»Ich hab gerade Wichtigeres zu tun« oder »Du siehst doch, ich telefoniere. Ich komme gleich« – kommen Ihnen solche oder ähnliche Sätze bekannt vor? Wenn ja, dann sollten Sie einmal bewusst versuchen, den Bedürfnissen Ihres Kindes mehr Priorität zu geben. Nicht dass das, was Sie gerade tun, nicht wichtig wäre, aber manches kann sicher einen Moment warten. Wenden Sie sich Ihrem Kind ehrlich interessiert zu, und fertigen Sie es nicht zwischen Tür und Angel ab. Sie werden erstaunt sein, wie ruhig und ausgeglichen Ihr Kind dann ist.

Tun Sie nicht so oft mehrere Dinge gleichzeitig!

Den Kochlöffel in der Hand, den Telefonhörer zwischen Schulter und Ohr geklemmt – und dann auch noch ein nölendes Kind am Rockzipfel. Mehrere Dinge gleichzeitig zu erledigen, das sind wir gewöhnt. Merkwürdigerweise sind es aber zumeist die Anforderungen der Kinder, die wir in einer solchen Situation als nervig und unnötig empfinden. Sicher, die Suppe brennt an und die Schwiegermutter am Telefon lässt sich auch nicht so einfach abhängen – aber nerven nicht diese Anforderungen ebenso wie das Kind am Rockzipfel? Versuchen Sie, solche Mehrfachbelastungen zu entzerren, und wenden Sie sich bevorzugt dem Kind zu, sein Problem ist zumeist am schnellsten behoben – und der Trotzanfall vermieden.

Schafft man wirklich mehr, wenn man drei Dinge auf einmal macht?

Schauen Sie Ihrem Kind in die Augen!

»Schau mir in die Augen, Kleines«, sagte schon Humphrey Bogart in »Casablanca«, aber wie oft haben Sie Ihr Kind schon dazu aufgefordert? Schon wegen des Größenunterschieds neigen wir Erwachsene zum Darüberwegschauen. Wer seinem Kind in die Augen schaut, wenn er es lobt, wenn er es vertröstet, wenn er mit ihm schimpft, der gibt ihm auch das Gefühl, ernst genommen zu werden. Sie werden überrascht sein, wie das wirkt.

Die Kleinen stufen dann das Lob um Klassen höher ein, sind nach einem Streit viel schneller wieder versöhnt, sind viel geduldiger, wenn sie warten müssen – und Ihre Schimpftirade fällt garantiert weniger heftig aus, wenn Sie dabei dem Kind in die Augen schauen. Alles in allem ein tolles Anti-Trotz-Mittel.

Suchen Sie den Körperkontakt!

Noch mehr Aufmerksamkeit schenken Sie, wenn Sie Ihr Kind berühren, wenn Sie mit ihm sprechen. So hat es nie das Gefühl, dass Sie den Kontakt zu ihm unterbrechen, über seinen Kopf hinweg entscheiden oder es nicht richtig ernst nehmen. Wenn Sie Ihr Kind anfassen, werden Grenzen und Verbote für den kleinen Trotzkopf »begreifbar«.

Der Ton macht die Musik!

Was auch immer Sie Ihrem Kind zu sagen haben, geben Sie sich keine Mühe mit weitschweifigen Ausführungen, sondern beschränken Sie sich auf das Wesentliche. Viel wichtiger ist es, einen ruhigen, liebevollen Ton anzuschlagen. Verbote, die mit fester Stimme, aber nicht laut und barsch, vorgetragen werden, finden mehr Gehör.

Gemäßigte Tonlagen sind bei kleinen Trotzköpfen sehr wirksam.

Ablenkungsmanöver erlaubt!

Früher einmal, da waren Vater und Mutter unantastbare Autoritätspersonen, die über jeden Vorwurf erhaben waren. Heute versuchen viele Eltern, ein partnerschaftliches Verhältnis zum Nachwuchs aufzubauen.

Das Bemühen um ein solidarisches Miteinander scheitert aber zumeist an dem Punkt, wo auch Erwachsene einen Fehler gemacht haben und es nicht zugeben wollen. Vielleicht haben sie

Angst davor, als inkonsequent zu gelten oder an Vertrauen zu verlieren – in der Realität allerdings mögen Kinder ihre Eltern, auch wenn sie nicht perfekt sind.

Schlimm wird es jedoch, wenn die Erwachsenen versuchen, die eigenen Fehler zu vertuschen und die miese Laune an den Kindern auszulassen. In diesem Punkt nämlich unterschätzen wir den Nachwuchs: Er hat sehr wohl Verständnis dafür, wenn einmal nicht alles nach Plan läuft. Haben Sie also keine Angst davor, Fehler einzugestehen oder Entscheidungen rückgängig zu machen. Dadurch verlieren Sie nicht quasi automatisch Ihre Glaubwürdigkeit. Im Gegenteil, Ihr Kind wird lernen, dass auch seine Eltern nur Menschen aus Fleisch und Blut sind, denen nicht immer alles gelingt.

> **Wer ungerecht war, sollte sich entschuldigen, denn: Nobody is perfect!**

Sich entschuldigen können

Eltern sollten sich auch bei ihren Kindern entschuldigen, wenn sie sie ungerecht behandelt oder ohne Grund verdächtigt haben. Verzeihen zu können und um Entschuldigung zu bitten, gehört ebenso zum täglichen Leben wie Fehler zu machen. Ein leicht dahingesagtes »Tut mir leid« darf nie zum Freibrief werden. Es muss stets ehrlich sein. Man muss auch akzeptieren können, dass es vielleicht nicht immer auf Anhieb angenommen wird.

Und noch etwas ganz Wichtiges können die Kinder aus den Fehlern der Eltern lernen:

- dass man nämlich durch Misserfolge nicht kleiner und unbedeutender wird,
- dass es andere Möglichkeiten – Ablenkungen – gibt, den eigenen Frust abzubauen als durch einen Trotzanfall.

Die Wut besänftigen

Auch Eltern, die randvoll mit Verständnis für ihr trotzendes Kind sind und zumeist einfühlsam reagieren, können den Trotz nicht immer verhindern. Dann gilt es, dem Wutanfall die Schärfe zu nehmen, und dabei sind (fast) alle Mittel recht. Wer sein Kind gut kennt, weiß um die kritischen Momente, wenn die Wut eskaliert. Ein probates Mittel, den Ausbruch doch noch zu verhindern, ist die Ablenkung. Es erfordert allerdings Fantasie und Spontanität, die einem nicht immer und überall gleichermaßen gegeben sind.

Wohlüberlegt und wirksam reagieren. Wie schafft man das kurz vor dem Stress?

Ablenkung durch Spiel

Lisa liegt auf dem Rücken und trampelt mit den Füßen gegen die Wand. Sie trotzt, weil die Mutter ihr den Lutscher verweigert hat. Die Mutter kommt ins Zimmer und lächelt. »Hörst du das?«, fragt sie. »Wir haben bestimmt Mäuse im Haus.« (Sie macht ein kratzendes Geräusch.) »Oder sind es vielleicht Katzen, die kratzen?« Lisa wird aufmerksam und lauscht.
Hätte Lisas Mutter auf das Trampeln aufgebracht reagiert, dann wäre der Trotz mit Sicherheit eskaliert, so aber ist Lisa abgelenkt. Und im besten Fall hat sie nach dem Spiel den Grund für ihre Wut vergessen.

Ablenkung durch Humor

Lena soll in den Kindergarten, es ist schon spät, und die Mutter hat es eilig. Obwohl es schneit, will Lena keine Mütze aufsetzen. »Oh«, sagt die Mutter und schaut verwundert die Mütze an, »das ist ja gar nicht Lenas, das ist ja meine.« Sie versucht sich die Mütze aufzusetzen, die will aber partout nicht passen. Sie dreht sie hin und dreht sie her – und Lena muss lachen.
Wer spontan eine lustige Idee hat, lenkt das Kind so vom Trotz ab, dass es seinen Unmut vergisst. Lachen ist nun einmal die beste Therapie.

Ablenkung durch Alternativen

Alois will Kartoffeln schälen, aber die Mutter lehnt ab, weil es zu gefährlich ist. Ehe der Zweikampf um das Schälmesser beginnt, schlägt die Mutter eine andere Hilfestellung vor. »Schau, nimm den großen Löffel da. Damit baggerst du die geschälten Kartoffeln in den Topf.« Die Mutter macht es ihm absichtlich ungeschickt vor. »Buh, ich kann das nicht. Meinst du, du kannst das besser?« Ihr Sohn geht auf das Angebot ein, er ist so konzentriert bei der Sache, dass er das Messer ganz vergisst.

Auch wenn Alois vielleicht ahnt, dass die Mutter es natürlich auch tun könnte, ist es für ihn eine wunderbare Gelegenheit, weiterhin mitzumachen. Darum akzeptiert er die Alternative.

Ablenkung durch Fantasie

Florian ist bereitwillig mit dem Vater zum Einkaufen gegangen, aber auf dem Nachhauseweg streikt er. Keinen Schritt lässt er sich bewegen, er schreit und quengelt. Der Vater hebt ihn auf und wirft ihn über die Schulter. »Wau«, stöhnt er bewundernd. »Du bist ja besser als meine Hanteln zu Hause. Da spare ich mir doch das Fitnesstraining.« Florian ist überrascht – der Vater stemmt ihn hoch und runter wie eine Hantel. »Vorsicht«, ruft der Vater in gespielter Verzweiflung, »gleich fällt die Hantel runter.« Florian kichert, der Trotz ist vergessen.

Gefragt ist die Fantasie der Erwachsenen.

Man muss allerdings nicht unbedingt Muskeln haben, um die Fantasie der Kleinen zu beflügeln. Wer kreativ genug ist, denkt sich eine Geschichte aus, in die er die markanten Punkte des Heimwegs humorvoll integriert.

So kommen Sie unbeschadet durchs Trotzalter:

- Stellen Sie nur wenig Regeln auf.
- Je mehr Verbote, desto weniger werden eingehalten.
- Bleiben Sie stets kompromissbereit.

- Vorausschauende Planung erleichtert den Alltag.
- Beseitigen Sie Konfliktpunkte, bevor Schaden entsteht.
- Halten Sie Gebrüll aus – zur Not mit Ohropax.
- Fördern Sie Selbstständigkeit, indem Sie das Kind immer wieder ermutigen.
- Kündigen Sie Veränderungen an, dann fühlt sich das Kind nicht überrumpelt.

Wenn Kinder nicht kriegen, was sie wollen, werden sie schnell sauer. Gut ist es deshalb, immer noch ein Ass im Ärmel zu haben und eine Alternative anbieten zu können. Das darf (sollte aber nicht unbedingt) eine kleine Süßigkeit sein, kann aber auch darin bestehen, das Lieblingslied aufzulegen oder ein scheinbar verschwundenes Spielzeug wieder auftauchen zu lassen.

Vorsicht Trotzanfall –
Beispiele und Möglichkeiten

Trotz kommt immer aus heiterem Himmel, wird nie geplant oder bewusst herbeigeführt. Aber: Trotz ist kalkulierbar, wenn man die typischen Auslöser kennt. Es gibt klassische Trotz-Szenarien, die fast alle Eltern durchmachen müssen. Getrotzt wird beim Essen und beim Anziehen, unter Zeitdruck und vor allem abends. Trotz richtet sich meistens gegen Erwachsene, und die größte Trotzfalle überhaupt ist der Supermarkt um die Ecke.

Trotzanfälle zu Hause

Zu wissen, warum Kinder trotzen, hilft, die kleinen Wüteriche zu verstehen. Doch selbst diese Erkenntniss zu verinnerlichen, verhindert nicht den nächsten Trotzanfall. Jedes Kind durchlebt die Trotzphase anders und trotzt ganz individuell. Darauf müssen sich Eltern einstellen und maßvoll reagieren.

Spüren, wann der Trotz kommt

Viele Trotzanfälle lassen sich im Vorfeld verhindern oder zumindest entschärfen, wenn man weiß, welche Situationen besonders »trotz-trächtig« sind. Mit der Zeit entwickeln Sie ein Gespür dafür, wann es brenzlig wird.

Es gibt Eltern, die schon am Morgen aufwachen und sich fragen, welche Trotzanfälle denn wohl heute auf sie warten. Der kindliche Trotz wird für sie zum bestimmenden Element des Alltags. Besonders anstrengend ist es, wenn man gar im Vorhinein versucht, alles, was die Wut des Kindes provozieren könnte, vorsorglich aus dem Weg zu räumen. Sinnvoll sind solche Überlegungen sicher, wenn es sich dabei um die teure China-Vase handelt, die Klein-Mariechen so fasziniert, oder um Papas Designer-Stereoanlage, die den Filius magisch anzieht.

Ein gutes Verhältnis zu seinem Kind ist wichtiger als eine top designte Einrichtung. Oder?

Was den tadellosen Zustand Ihrer vier Wände angeht, so gilt es jetzt sicher Zugeständnisse an den kindlichen Forscherdrang zu machen (s. S. 41/42). Klebrige Fußböden, bemalte Wände, verzierte Türen, ausgeräumte Regale – all das gehört fortan zum Alltag. Je pflegeleichter die Wohnung ist, desto eher kann man Ruhe bewahren. Die Wände lassen sich neu streichen, wenn die »kreative« Phase abgeschlossen ist, der Teppich lässt sich reinigen oder erneuern, wenn die Becher-Umkipp-Zeit vorüber ist.

Eventuell ist eine nervenschonende Schrankwand besser als das offene Wohnzimmerregal, das zum Klettern anregt, und die dunkle Ledercouch ist praktischer als der beigefarbene Zweisitzer.

So machen Sie Ihre Wohnung »trotzsicher«
- Sind in Ihrer Wohnung alle wichtigen Kindersicherungen angebracht? Dazu gehören die Sicherungen für Steckdosen (Mehrfachstecker nicht vergessen!), der Kippschutz an Regalen und Schränken, die Riegel an Fenstern und Schubladen und natürlich die Treppen- und Herdgitter.
- Trotzgefährdet sind Vitrinen, wertvolle Möbelstücke und Zerbrechliches. Trotzkinder werfen bevorzugt mit harten Gegenständen, die Scherben verursachen können.
- Was Ihnen lieb und teuer ist, sollte jetzt besser außer Reichweite gebracht werden. Die kleinen Wüteriche wissen nichts von »lieb und teuer«, für sie zählt nur »interessant«. Und das sind leider oft genau die Dinge, die Ihnen am Herzen liegen oder die Sachen, von denen eine gewisse Gefahr ausgeht, wie heiße Herdplatten, scharfe Messer, bunte Pillen, Schaukelstühle, hohe Regale usw.
- Machen Sie einen Wohnungsrundgang mit kritischem Blick. Malen Sie sich aus, was schlimmstenfalls passieren könnte. Sicher werden Sie nicht alles entdecken, was eine Gefahr darstellt, denn so fantasievoll, wie sich kleine Kinder in Kalamitäten bringen, kann kein Erwachsener denken. Aber immerhin entdecken Sie dabei das Offensichtliche!

Vorsicht: Leider gehört der häusliche Unfall zur häufigsten Todesursache im Trotzalter.

Guten Morgen, liebe Sorgen!

Eine Mutter erzählt: »Ich kann mich noch gut an die Zeiten erinnern, als ich morgens aufwachte und mich schon kurz nach dem Weckerklingeln fragte, wie der Tag wohl laufen würde. Am liebsten war Lisa, wenn sie schlief, aber schon kurz nach dem

Aufwachen konnte ich eine Prognose für den jeweiligen Tag aufstellen. Rief sie gebieterisch: »Mama, komm jetzt«, wusste ich gleich, die Zeichen stehen auf Sturm. Das Drama spitzte sich natürlich beim Frühstück zu, und beim Anziehen hatten wir dann den ersten Trotzanfall des Tages.«

Was Eltern oft nicht wissen – und nicht wahrhaben wollen – ist, dass es auch bei Kindern bereits »Morgenmuffel« und »Frühaufsteher« gibt. Manche kommen morgens nur schwer aus den Federn. Weckt man sie zu früh, sind sie gereizt und übellaunig. Genauso oft gibt es kleine Frühaufsteher, die mit den ersten Sonnenstrahlen aus dem Bett springen und sofort vor guter Laune und Energie sprühen. Und sie machen das nicht mit sich aus, sie beziehen die Eltern mit ein. Wenn unter Eltern und Kindern unterschiedliche Biorhythmen aufeinanderprallen, dann wird die ohnehin stressige Morgenzeit erst richtig turbulent.

Angespannt ist die Lage in jedem Fall, denn morgens gibt es immer viel zu tun, und der zeitliche Rahmen ist eng gesteckt. Aufstehen, waschen, frühstücken und anziehen – all das muss in einem straffen Zeitkorsett absolviert werden. Der Kindergarten, die Arbeit, die Schule – das kann nicht warten, aber das weiß der kleine Trotzkopf ja noch nicht. Selbst wenn er auf diese Dinge nicht reagieren kann, so bringen sie doch unangenehme Hektik ins Haus.

Und genau dagegen wehrt sich der kleine Mensch – mit Trotz, was jedoch schlussendlich nur noch mehr Zeitdruck im ohnehin schon knapp kalkulierten Terminplan erzeugt.

Nehmen Sie Rücksicht auf den Biorhythmus des Kindes.

Wenn man also einen Morgenmuffel zum schnellen Aufstehen bewegen will, muss man schon an der Bettkante mit einem Trotzanfall rechnen. Und wer nun denkt, Eltern von kleinen Frühaufstehern haben es leichter, der sieht sich getäuscht: Diese wollen nämlich gleich aktiv sein und beschäftigt werden. Aber wer hat schon am Morgen Zeit und Muse, sich intensiv von seinem Kind in Anspruch nehmen zu lassen?

Die Guten-Morgen-Tipps

* Es ist zwar unbequem, aber sinnvoll: Stehen Sie selbst eine halbe Stunde früher auf, als der Rest der Familie. Diese Zeit sollten Sie nutzen, um selbst schon mal fit und frisch zu werden. Nur wer richtig wach ist, kann dem Trotzkopf zu früher Stunde schon gelassen gegenübertreten.
* Die meisten Kinder brauchen morgens ein Aufwach-Ritual, ähnlich dem vor dem Zubettgehen, um gut gelaunt in den Tag zu starten. Ein bisschen Kuscheln gehört oft mit dazu, vielleicht singen Sie auch gemeinsam ein Lied oder vertreiben den Schlaf mit einer wiederkehrenden Geschichte aus den Kinderaugen.
* Manche Eltern finden es praktisch, das Trotzköpfchen so lange schlafen zu lassen, wie es will. Für einige Kinder ist das in der Tat eine gute Lösung: Sie wachen ausgeschlafen auf und sind zudem meist gut gelaunt. Andere hingegen denken, dass sie im Kinderzimmer vergessen wurden, haben vielleicht Angst, ganz allein im Haus zu sein. Auf alle Fälle fühlen sie sich ausgeschlossen aus den morgendlichen Aktivitäten der Familie – auch das macht wütend und traurig.
* Gehört Ihr Kind zu dieser Spezies, dann sollten Sie eine Weckzeit einführen, sich Zeit nehmen und das Kind so ruhig durch den Morgen geleiten. Stressfaktoren lauern darüber hinaus am Frühstückstisch und vor dem Kleiderschrank.

»Morgenstund' hat Gold im Mund« – auf kleine Trotzköpfe trifft dieses Sprichwort nicht zu.

Was ziehen wir denn heute an?

Eine Mutter erzählt: »Grund für morgendliche Trotzanfälle war bei unserer Laura das Anziehen. Alle möglichen Tricks habe ich mir ausgedacht und gleich Lauras Lieblingssachen gewaschen, nur damit sie so schnell wie möglich wieder im Schrank lagen. An ein Drama kann ich mich besonders gut erinnern. Während ich ihr einen ungeliebten Pulli überstülpte, konnte ich sie noch

mit dem Aufsagen der zehn kleinen Zappelmänner ablenken.
*Die nächste Hürde war die Hose. ›Will nicht **die** Hose!‹, protes-*
tierte sie. ›Ach, komm mein Schatz, die rote ist doch so schön!‹,
beschwichtigte ich. ›Will nicht die, will geile Hose!‹, insistierte
Laura schon eine Tonlage höher. Mir dämmerte allmählich, was
Laura unter einer ›geilen Hose‹ verstand: ihre Jeans – aber die
waren in der Wäsche.
Während ich noch tief Luft holte, schmiss Laura die rote Hose
mit gezieltem Wurf quer durchs Zimmer und verfehlte dabei nur
um Haaresbreite meinen Kopf. Ich mahnte mich, selbst ruhig zu
bleiben und holte die dreckige Jeans aus dem Wäschekorb. Aber
Laura hatte sich schon so in das Hosenthema hineingesteigert,
das sie nicht mehr zu besänftigen war. ›Will gar keine Hose
mehr!‹ schrie sie und pfefferte auch die heißgeliebte Jeans in die
Ecke … Erst mit einigem Abstand konnte ich die unfreiwillige
Komik der Situation erkennen.«

Keine Wahl ist manchmal besser

Lässt man Kinder in diesem Alter die Wahl zwischen zwei
unterschiedlichen Möglichkeiten, fühlen sich diese oft
überfordert. In ihrem kindlichen Denken bedeutet, sich
für das eine zu entscheiden, auf das andere zu verzichten.
Sie möchten am liebsten alles zur gleichen Zeit.

Auch aus diesem Grund ist das morgendliche Anziehen eine
ganz typische Trotzfalle, und Mädchen trotzen bei diesem Gelegenheiten öfter als Jungen. Sie entwickeln nämlich schon relativ
früh ihren eigenen Geschmack.
Mütter reagieren darauf durchaus unterschiedlich: Die einen
sind schon ganz schön stolz auf das Töchterchen, weil es sich so
früh ein Mitspracherecht bei der Klamottenauswahl erkämpft

und lassen ihr deshalb auch ihren Willen. Andere Mütter wiederum haben eben mit dieser Geschmacksinitiative ein Problem, weil sie die Farb- und Muster-Kombinationen für ein bisschen zu schräg erachten.

Bis zu einem gewissen Maß jedoch kann man je nach Veranlagung die eine oder die andere Vorgehensweise durchziehen. Nur eben dann nicht, wenn es dabei regelmäßig zu Trotzattacken kommt. Sich selbst anziehen und entscheiden, was man anzieht, ist für kleine Mädchen sehr wichtig. Aber davon darf man sich nicht tyrannisieren lassen, zumal es den kleinen Kindern so schwer fällt, sich zu entscheiden.

Die Anzieh-Tipps

- Vermeiden Sie Situationen – auch beim Anziehen-, wo Sie Ihrem Kind die Wahl zwischen verschiedenen Möglichkeiten lassen! Fragen Sie also nicht: »Möchtest du lieber die rote oder die blaue Hose anziehen?«, sondern sagen Sie: »Wir ziehen heute die rote Hose an, die ist wärmer und passt so toll zu diesem Pullover.«
- Wenn Sie jedoch Ihr Kind vor eine Wahl stellen, dann akzeptieren Sie auch seine Entscheidung, selbst wenn die blaue Hose nicht so optimal zum giftgrünen Sweatshirt passt. Unterstützen Sie, wann immer möglich, das Kind in seiner Entscheidung, auch wenn Sie persönlich der Ansicht sind, die Alternative wäre besser gewesen.
- Wenn die tägliche »Was-ziehen-wir-an«-Arie zum bestimmenden Trotzthema wird, ist es sinnvoll, sich dafür so viel Zeit wie möglich zu nehmen. Man kann die Situationen abmildern, indem man das Kind zur Entscheidung anleitet. Ein Beispiel: Es möchte die Bermudas im Schnee anziehen? Kein Problem! Lassen Sie es in kurzen Hosen vor die Tür oder auf den Balkon gehen, Sie können ziemlich sicher sein, das der kleine Trotzkopf sehr schnell wieder hereinkommt und sich dann freiwillig eine warme Hose anzieht.

Dem Trotz begegnen heißt, Erfahrungen zulassen.

Nein, diese Suppe mag ich nicht!

Lukas' Mutter hat heute keine Lust zu kochen. Sie schaut in die Tiefkühltruhe. Zurück im Wohnzimmer fragt sie die Kinder: »Pizza oder Fischstäbchen mit Pommes? Heute dürft ihr euch was wünschen.« Der siebenjährige Markus entscheidet sich für Fischstäbchen, die dreijährige Marie will lieber Spaghetti. »Nudeln habe ich leider nicht«, sagt die Mutter. »Magst du vielleicht eine Pizza?« – »Ja, Pizza!«, jubelt Marie.

Streit am Esstisch schlägt allen Beteiligten auf den Magen.

Dann kommt das Essen auf den Tisch. Fischstäbchen für Markus und Pizza für Marie. »Will keine Pizza«, protestiert Marie, »will das da!« Sie zeigt mit dem Finger auf den Teller von Markus. »Aber du wolltest doch Pizza ...«, beginnt die Mutter und wird sofort von ohrenbetäubendem Geschrei unterbrochen ...

Mit Wahlmöglichkeiten, das zeigt auch dieses Beispiel, sind Kinder im Trotzalter oft überfordert. Die Worte verstehen sie wohl, doch sie verstehen den Sinn dahinter nicht. Wahrscheinlich war es bei Marie genau so: Als die Mutter sie vor die Essenauswahl stellte, hat Marie die Frage nicht so verstanden, wie sie gemeint war. Für sie war es ein Wortspiel, und für sie stand im Vordergrund, etwas anderes zu wählen als der Bruder. Als dann das Ergebnis auf den Tisch kam, hat Marie ihre Meinung eben wieder geändert – ohne es der Mutter mitzuteilen.

Das Essen ist ohnehin bei den Zwei- bis Dreijährigen ein heikles Thema. Die Zeit der Babykost ist endgültig vorbei, und im Umkehrschluss wird nun gegessen, was auf den Tisch kommt. Doch davon essen Kinder meist weniger, als wir Erwachsenen es uns erhofft haben, und dann auch nicht unbedingt das, was wir als gesund erachten. Der Esstisch wird zum Krisenherd – gerade in der Trotzzeit. Schon weil den Eltern eine gesunde und ausgewogene Ernährung so am Herzen liegt, haben die Kinder allen Grund zu opponieren. Die Eltern sind schockiert über solches Verhalten, weil sie noch dazu jetzt auch ein Minimum an Tischmanieren erwarten. Wie man isst – darauf legen Eltern großen Wert. Sie vermitteln es bei jeder gemeinsamen Mahlzeit. Dabei wenden sie diesen und jenen Trick an, um den Nachwuchs davon zu überzeugen. Kleine Trotzköpfe spüren das, sie nutzen natürlich die Gunst der Stunde und verweigern sich ein bisschen mehr als eigentlich gewollt – einfach, weil sich die Gelegenheit bietet, einmal dagegenzuhalten. Über Geschmack lässt sich zudem so trefflich streiten.

Die Guten-Appetit-Tipps

- Sobald das Kind es will, lassen Sie es selbst essen, auch wenn einmal ein Löffel daneben geht.
- Kinder sind beim Essen für klare Verhältnisse. Sie wollen sehen und definieren können, was auf dem Teller ist. Also besser keine Eintöpfe und Ragouts mit »undefinierbarem« Inhalt servieren.
- Zwingen Sie Ihr Kind nicht, den Teller leer zu essen, und überreden Sie es nicht mit Sprüchen wie »Wenn du nicht aufisst, ist die Mama traurig …«
- Sorgen Sie dafür, dass die Mahlzeiten für das Kind zu einem positiven Erlebnis werden. Dazu gehört auch das gemeinsame Essen mit der Familie.
- Argumentieren Sie ohne Druck. Also nicht: »Wenn du das nicht aufisst, darfst du nicht aufstehen …«
- Wenn das Kind partout nicht essen will, räumen Sie seinen Teller nach der Mahlzeit kommentarlos weg.
- Bieten Sie dem Kind aber auch keine Alternativmenüs an. Und loben Sie den braven Esser.

Essproblemen im Trotzalter können Sie vorbeugen, wenn Sie diese Tipps beachten.

In manchen Familien geht das Trotzalter dennoch mit Essproblemen einher. Dramatisieren Sie das nicht, denn kleine Verweigerer werden sicher nicht verhungern. Viel leichter beruhigen Sie den Trotzesser, wenn Sie seiner Verweigerungshaltung keine Emotionen entgegenstellen.

Jetzt noch nicht!

Jeden Nachmittag geht die Mutter mit Wolfgang (zweieinhalb Jahre alt) zum Spielplatz, damit er mit anderen Kindern zusammen sein kann. Pünktlich steht er immer dann mit Eimer und Schaufel bewaffnet in der Tür, wenn er denkt, es müsste jetzt zum Spielplatz gehen. »Wir gehen gleich, Wolfgang«, sagt die Mutter, die noch ihren Abwasch beenden will. »Du kannst noch ein bisschen spielen, bis ich mit dem Geschirr fertig bin.« In der Garderobe holt er sich seine Gummistiefel und angelt seine Jacke vom Haken. Er erscheint wieder in der Küchentür: »Gehen wir jetzt?«, fragt er. »Ja, ja, wir gehen gleich, nur noch ein paar Minuten, Schatz«, antwortet die Mutter, ohne sich umzudrehen. »Will aber jetzt gehen«, insistiert Wolfgang. »Gleich, gleich«, sagt die Mutter. Wütend schleudert der Kleine seinen Eimer und die Schaufel in die Ecke.

Mangelndes Zeit-empfinden der Kleinen macht Eltern Druck.

Kinder in Wolfgangs Alter haben kein Zeitgefühl. Sie leben im Hier und Jetzt, wissen nichts von morgen und gestern. Ganz undefinierbar sind für Kinder im Trotzalter solche Zeitbegriffe wie »gleich« oder »bald«. Diese indifferenten Zeitangaben dienen mehr der Beruhigung als der konkreten Information. Auch Kinder wissen das schon bald aus Erfahrung und vermuten dahinter fast immer eine Hinhaltetaktik. Sie können noch keine Uhr lesen, und deshalb sind »nur noch fünf Minuten« oder »bloß ein Viertelstündchen« Begriffe, die sie ebenso wenig einordnen können. Was also Wolfgangs Mutter gesagt hat, war für den kleinen Mann Schall und Rauch.

Die Mutter sagt: »Ich komme gleich«, macht aber mit dem Abwasch ungehindert weiter. Wolfgang fühlt sich von seiner Mutter nicht ernst genommen. Seinem Ärger darüber muss er Luft machen – und zwar sofort. Die Mutter hätte besser sagen sollen: »Schau her, Wolfgang, hier habe ich noch drei Töpfe und eine Pfanne. Wenn ich die abgewaschen habe, räume ich noch die

Gläser in den Schrank. Dann ziehe ich mir Schuhe und Jacke an, und dann gehen wir.« Wolfgang hätte also »gesehen«, was noch getan werden muss, bis die Spielplatzzeit kommt. So hätte er wahrscheinlich geduldiger gewartet.

Das kindliche Zeitverständnis

Kinder haben ein anderes Zeitgefühl als Erwachsene. Warten ist ihnen ein Graus, und Beeilen ist fast unmöglich. Fast könnte man bösen Willen vermuten, doch die Trödeltaktik hat System: Kinder genießen das Gefühl, Zeit zu haben. Im Gegensatz zu den Erwachsenen kennen sie keine Uhr und keine Eile, denn sie leben nach dem Lustprinzip. Fühlen sie sich durch die Zeitnot ihrer Eltern überfordert, treten sie einfach in den Bummelstreik oder reagieren mit einem Trotzanfall – je nach Situation und Temperament. Da nützt kein Flehen und kein Drohen, sondern nur eins: Man muss einfach mehr Geduld aufbringen und freie Zeit für die Kinder einplanen. Lassen Sie also alle fünf gerade sein und trödeln Sie doch einfach mit!

Die Gleich-gehen-wir-Tipps

- Lange Wartezeiten sind für Kinder im Trotzalter schier unerträglich, deshalb sollte man, wenn man sie vertrösten muss, stets bildhaft argumentieren.
- Solche visuellen Begründungen ziehen natürlich nur dann, wenn der Zeitraum für das Kind überschaubar bleibt.
- Wird es dennoch ungeduldig und trotzig, kann man die Situation entschärfen, indem man Verständnis zeigt. Beispielsweise schon beim ersten Ansatz von Trotz kann man das Kind in den Arm nehmen und sagen: »Jetzt bist du sicher enttäuscht,

weil es länger gedauert hat. Das tut mir Leid, aber dafür ziehen wird uns jetzt an und gehen auf den Spielplatz.«

Will nicht mitkommen!

Erde an Traumwelt!
Wenn Kinder nicht
hören, ist das keine
böse Absicht.

Corinna spielt in Gedanken versunken in ihrem Kinderzimmer
mit den Puppen. Leise summt sie ein Lied vor sich hin, während
sie die Puppen auszieht, ihnen ein Fläschchen gibt und anschlie-
ßend schlafen legt. Da ruft die Mutter von unten: »Corinna,
komm, ich muss noch zur Post, die macht gleich zu.« Corinna
hört den Ruf nicht, sie ist so in ihr Spiel vertieft, dass sie die
Umwelt sozusagen ausblendet. Die Mutter ruft noch mal und
noch mal. Schließlich steht sie in der Tür des Kinderzimmers.
»Jetzt komm aber«, fordert sie Corinna auf, doch die schaut sie
nur völlig entgeistert an. »Na komm schon, wir haben es eilig«,
sagt die Mutter. »Will spielen«, entgegnet das Kind. Die Mutter
wird ungeduldig, sie weiß, dass die Post gleich schließen wird
und der Brief dringend noch aufgegeben werden muss. Schließ-
lich zerrt sie Corinna aus der Puppenecke. Die fällt aus allen
Wolken und setzt zu einem Trotzanfall an.

Kinder in Corinnas Alter haben noch die Gabe, sich völlig in
eine Traumwelt zu vertiefen, so dass das spielerische Umfeld zu
»Leben« erweckt wird. Sie war so weit abgetaucht, dass sie in
der Tat die Rufe der Mutter nicht gehört hat. Nun wird sie mit
der konkreten Anforderung konfrontiert, doch sie will nicht sofort aufhören zu spielen. Sie will schon gar nicht aus dem Haus,
um zur Post zu gehen. Was hat das mit ihr zu tun? In ihrer Welt
gibt es keine Öffnungszeiten und keine Termine. Sie weiß nichts
von dringenden Briefen und verpassten Gelegenheiten.
Die Mutter hätte mehr Erfolg mit ihrem Ansinnen gehabt, wenn
sie in etwa so argumentiert hätte: »Du hast deine Puppen ja toll
zurecht gemacht, eine Super-Puppenmutter bist du. Komm, wir

nehmen deine Puppen mit auf einen kleinen Ausflug. Weißt du, im Puppenwagen, da schlafen sie bestimmt ganz schnell ein.« Oder: »Schön, wie du spielst. Komm, ich helfe dir, die Puppen ins Bett zu bringen, (… den Turm fertig zu bauen, … die Puppenküche aufzuräumen). Und dann gehen wir zur Post. Wenn wir zurückkommen, haben die Puppen ausgeschlafen und du kannst weiterspielen.«

Die Komm-jetzt-endlich-Tipps

- Sind es die Erwachsenen, die Termine haben und Verpflichtungen erfüllen müssen, so hat es sich bewährt, einem Kind, das ins Spiel vertieft ist, eine Überleitung anzubieten.
- Reagiert das Kind auf mehrmaliges Rufen nicht, gehen Sie zu ihm hin und sprechen sie es direkt an. Reagiert es immer noch nicht – was ohne bösen Willen durchaus möglich ist, legen Sie ihm die Hand auf die Schulter und knien Sie sich zu ihm auf den Boden.
- Durch den körperlichen Kontakt tauchen Kinder meist aus der Traumwelt auf und sind ansprechbar.

Die Kinder leben in zwei Welten: in der Realität und in der Fantasie. Sie haben einen Schutzengel gegen böse Geister, wissen aber die Wirklichkeit genau abzuschätzen. Je älter Kinder werden, desto realitätsnäher nehmen sie sich und ihre Umwelt wahr. Allerdings ist diese Erkenntnis nicht immer leicht zu verdauen, denn sie zeigt den Kindern, wie klein und hilflos sie sind – ganz im Gegensatz zu den Erwachsenen. Wie viel müssen sie noch lernen und wie ohnmächtig stehen sie manchmal den realen Problemen gegenüber?
Um diese Ohnmacht zu kompensieren, leben die Kinder zum Teil noch in einer magischen Welt, in der das Unmögliche möglich ist. Das magische Denken hilft ihnen, sich Wünsche zu erfüllen, die ihnen die Realität verwehrt, aber auch Probleme und Sorgen aufzuarbeiten.

Sind Kinder ins Spiel vertieft, muss man sie »anfassen«, ihnen Zeit lassen, um sie in die Realität zurückzuholen.

Kinder sind Grenz-
gänger zwischen
Wirklichkeit und
Fantasie.

Das kann der Streit mit der Mutter sein, die Sehnsucht nach dem Vater, der auf Geschäftsreise ist, oder der Ärger mit den Spielkameraden. In der Fantasie sind die Kinder allmächtig und stark. Wenn sie in Bedrängnis geraten, dann flüchten sie in ihre magische Welt. So klettern sie beispielsweise auf eine Sternschnuppe, die sie zum fernen Vater trägt. Das Vorhandensein dieser inneren Welt ist für Kinder bis zur Einschulung sehr wichtig, denn sie wirkt als Schutzschild gegen Überforderung und Stress. Probleme und Ängste können so aufgearbeitet werden, ohne Schaden anzurichten. Spätestens mit der Einschulung versagt der magische Schutzschild, und die meisten Kinder sind der Realität dann erst einmal schutzlos ausgeliefert.

Will alleine machen!

Andy ist mit seinen zwei Jahren schon recht geschickt. Vieles kann er alleine machen, und seine Mutter ermuntert ihn dazu, indem sie ihn auch machen lässt. Zum Beispiel beim Frühstück. Andy gießt sich die Milch ein und schöpft Kakaopulver dazu. Gemächlich rührt er um. Andys Mutter schaut allerdings ein bisschen ungeduldiger als sonst: »Soll ich dir nicht schnell helfen?«, fragt sie. Sie hat einen Arzttermin, von dem Andy noch nichts weiß. »Kann alleine«, sagt er und beißt herzhaft in sein Brötchen. Honig läuft an seinem Kinn runter, droht auf den frisch gewaschenen Pulli zu tropfen. »Vorsicht!«, schreit die Mutter und wischt schnell den Honig weg. »Lass das«, ruft Andy verwirrt. »Komm, ich schneide das Brötchen, dann kannst du es besser essen.« »Ich kann alleine«, murrt Andy. Seine Mutter greift dennoch zu Messer. »Nein, nein, will selber machen!«, brüllt Andy und kippt dabei den Becher um.

Besser sagt die Mutter – *schneller* und *sauberer* meint sie. Dass Andy verzweifelt und sauer ist, wird offensichtlich. Er ist enttäuscht darüber, dass seine Mutter ihn plötzlich wie ein Baby behandelt. Statt des gewohnten Lobs für eigene Initiative erntet er heute nur Kritik und Schimpfe. Das kann er nicht verstehen. Von Arztterminen am Morgen und vom Gebot der Pünktlichkeit begreift er noch nichts. Es ist ihm auch schlicht egal. Seine Enttäuschung kann er nur durch Wut und Tränen ausdrücken. Ebenso enttäuscht ist Andys Mutter. Sie versucht, ihrem Sohn so viel Freiraum wie möglich einzuräumen, und kann nicht verstehen, dass er sich gerade jetzt, wo sie es eilig hat, so uneinsichtig zeigt. Der bevorstehende Arzttermin und die zusätzliche Wartezeit, wenn sie zu spät kommen, machen sie zudem nervös. Natürlich ist es gut und richtig, kleine Trotzköpfe so viel wie möglich selbst machen zu lassen. Aber manchmal geht es einfach nicht, weil man unter Zeitdruck steht.

Zeitdruck macht Eltern ungeduldig und Kinder übellaunig.

In Andys Fall hätte die Mutter die Frühstückssituation ändern können, wenn sie ihrem Sohn erklärt hätte, wie stolz sie darauf ist, dass er ein Honigbrötchen isst, ohne zu kleckern. Und dass sie heute ausnahmsweise das Brot klein schneidet, weil sie es ein bisschen eilig haben. Sie hätte ihm auch vom Arzttermin erzählen können, dass es im Wartezimmer viele Spielsachen gibt und dass man länger warten muss, je später man kommt.

Die Selber-machen-Tipps
- Besser ist es, Kinder vorzubereiten, wenn etwas aus gewissen Umständen heraus nicht möglich ist. Erzählen Sie Ihrem Kind von dem, was Sie nachher oder morgen vorhaben.
- Wer Unternehmungen rechtzeitig ankündigt, gibt Kindern die Möglichkeit, sich darauf einzustellen.
- Wichtig ist es, dass man Kinder, die Dinge selbst machen wollen, in diesem Vorhaben bestärkt und ihnen kindgerechte Erklärungen anbietet, warum es eben manchmal praktischer ist, wenn sie sich helfen lassen.
- Sich auf das Kind und seine Wünsche einzulassen kostet Zeit, schont aber auf Dauer die Nerven.

Bin nicht müde!

Anna, dreieinhalb Jahre, hatte einen Kindertag, wie er im Bilderbuch steht. Im Kindergarten konnte sie den ganzen Vormittag draußen spielen. Am Nachmittag gab es eine Geburtstagsparty. Viele Spiele wurden gemacht und mit einer kleinen Tasche voller Geschenke kehrte Anna am Abend nach Hause zurück. Beim Abendessen ist sie müde und launisch, pult mit den Fingern im Essen herum, zappelt und nölt. »Ab ins Bett«, sagt der Vater und meint es wirklich gut. Doch Anna sieht es ganz anders, obwohl oder gerade weil sie so müde ist.

Trotzanfälle können
auch einfach nur
durch Übermüdung
passieren.

Einen konkreten Anlass für den Trotzanfall gab es nicht. Anna hatte einen tollen Tag, an dem wirklich nichts schiefgelaufen war. Aber jetzt kann sie nicht mehr, und – was noch schwerer wiegt – sie ist total überdreht. Selbst wenn sie wollte, würde sie nun im Bett keine Ruhe finden, die Ereignisse des Tages waren zu aufregend. Außerdem vermutet Anna hinter der Aufforderung des Vaters eine Absicht. »Der will mich loswerden. Wenn ich jetzt ins Bett gehen, könnte ich etwas Entscheidendes verpassen.« Vielleicht aber empfindet Anna das Zu-Bett-geschickt-werden auch als Bestrafung, weil sie sich beim Essen so schlecht benommen hat.

Müdigkeit, das ist landläufig bekannt, macht Menschen gereizt und nervös. Auch Erwachsene, die tagsüber viel erlebt haben, kommen abends – obwohl hundemüde – nur schwer zur Ruhe. Die wenigsten können sich gleich ins Bett legen und einschlafen. Ein müdes, aber überdrehtes Kind also einfach ins Bett zu stecken, ist fast unmöglich. Man muss ihm die Gelegenheit bieten, das Erlebte zu reflektieren und zu verarbeiten.

Die Gute-Nacht-Tipps
- Das Zu-Bett-Gehen sollte für Kinder immer mit den gleichbleibenden Ritualen und Handlungen verbunden sein. Also

beispielsweise erst ins Bad und Zähne putzen, dann den
Schlafanzug anziehen und mit Vater oder Mutter noch ein
bisschen kuscheln. Eine Gute-Nacht-Geschichte oder ein Lied
beruhigen zusätzlich.

- Solche Einschlaf-Rituale sind die wichtigsten Eckpfeiler im
Tagesablauf. Sie geben den Kindern vor allem Sicherheit und
Ihnen gewährleisten sie eine ruhige Nacht.
- Ganz wichtig, gerade bei überdrehten Kindern, ist es aber, den
Tag nochmals gemeinsam durchzusprechen. Erzählen Sie dem
Kind, was Sie gemacht haben, und vor allen Dingen hören Sie
aufmerksam zu, wenn es von seinen Erlebnissen berichtet.
- Je älter Kinder werden, desto ausführlicher und anrührender
werden diese Bettkanten- Plaudereien. Und danach kommt
selbst ein überdrehter Dreijähriger garantiert zur Ruhe.

Erlebtes lässt sich in Gesprächen am besten verarbeiten.

Entspannt einschlafen – gut durchschlafen

Natürlich sind Eltern froh, wenn ihre Kinder nach einem an-
strengenden Tag im Bett liegen. Zumeist vergisst man jedoch
über dem eigenen Bedürfnis nach Ruhe, das auch Kinder eine
ruhige Atmosphäre brauchen, um entspannt einzuschlafen **und**
gut durchzuschlafen. Letzteres ist nicht unbedingt selbstverständlich. Viele Kinder suchen Nacht um Nacht oder doch zumindest regelmäßig das Bett der Eltern auf. Wenn die Kleinen,
das schon immer getan haben, ist das eine Art Gewohnheitsrecht und nur schwer abzugewöhnen.
Anders ist es, wenn zunehmende Alpträume den Kindern Angst
machen und sie deshalb nicht durchschlafen können. Träume –
gut wie schlechte – dienen bei Kindern wie bei Erwachsenen
dazu, die Geschehnisse des Tages zu verdauen. Kinder können
Träume jedoch nicht so gut verarbeiten, sie sind für sie zu real
und deshalb auch so beängstigend. Ein ultimatives Mittel gegen
Alpträume gibt es nicht, aber man kann vorbeugen.

Ein Kind »zur Strafe« ins Bett zu schicken, bedeutet, das Bett zu einem ungeliebten Ort zu degradieren.

Lassen Sie beispielsweise den Fernseher aus und lesen Sie stattdessen eine Gute-Nacht-Geschichte mit gewaltfreiem Inhalt vor. Noch wichtiger ist es aber, dass Kind entspannt zu Bett zu bringen, also nicht aus Wut oder einem Streit heraus. Eine Versöhnung an der Bettkante entlastet die Kinderseele und sorgt so für eine ruhige Nacht.

Mit Trotzköpfen unterwegs

Manchen Trotzanfällen kann man vorbeugen, wenn man weiß, welche Situationen besonders »trotz-trächtig« sind. Doch alle Trotz auslösenden Situationen und Umstände zu umschiffen, gelingt niemals. Über eine Reihe von häuslichen Trotzbeispielen sind Sie nun bestens informiert. Das Fazit lautet: Wenn Sie Ihr Kind in diesen Situationen genau beobachten, lernen Sie seinen persönlichen Trotzablauf besser kennen.

Bei den einen geht dem Trotzanfall ein weinerliches Quengeln voraus, bei anderen hört man eine höhere Tonlage oder einen verzweifelten Unterton heraus. Wieder andere stampfen mit dem Fuß auf oder holen ganz tief Luft. So wie eine dunkle Gewitterwolke dem Donner vorweg eilt, so sendet auch das trotzende Kind feine Signale, die das Unheil ahnen lassen.

Dann ist Ihre Fantasie gefragt, denn Ablenkung ist die beste Trotz-Soforthilfe (s. auch S. 70).

- Erzählen Sie eine Geschichte, singen Sie ein Lied, spielen Sie Nachlaufen oder heben Sie es wie ein Flugzeug in die Luft und wirbeln es herum.
- Je ausgefallener und spontaner die Ideen sind, desto besser wirken sie. Das Kind ist überrascht, und es vergisst im besten Fall den Anlass zum Trotz.
- Vielleicht ist es gar so abgelenkt, dass es sich mit Freude auf das Ablenkungsmanöver einlässt.

Aller Planung zum Trotz

Leider funktioniert der Trotz nicht immer nach dem Schema: »Gefahr erkannt, Gefahr gebannt«. Trotzanfälle kommen immer dann, wenn man gerade nicht daran denkt, wenn man sie gerade nicht gebrauchen kann. Und die Öffentlichkeit schaut ungeniert zu.

Trotz-Prävention: Hier hilft am besten Erfindungsreichtum.

Wenn Eltern etwas »schnell erledigen« müssen, dann bedeutet das für Trotzköpfe zumeist eine kleine Katastrophe: Flüge zum Mars müssen kurz vor der Milchstraße abgebrochen werden; besorgte Puppenmuttis müssen ihre Kinder unbeaufsichtigt allein zu Hause lassen; kleine Architekten werden in der heißen Konstruktionsphase von der Baustelle abberufen; Kommissar 001 muss den Schwerverbrecher laufen lassen.

Und das alles nur, weil Mutti das Salz vergessen hat oder einen Termin beim Gynäkologen hat oder Papa Batterien für den Rasierapparat braucht. Ist das nicht irgendwie ungerecht?

Mancher wird vielleicht denken: »Wenn ich dauernd Rücksicht nehmen würde, käme ich ja zu gar nichts.« Sie sollten sich die

---

Leben im Hier und Jetzt!

Wir fassen die Entschlüsse über die Köpfe unserer Kinder hinweg, was auch ganz leicht ist, weil sie uns ja gerade mal bis zum Oberschenkel reichen. Wir entscheiden, sie haben zu gehorchen – und durch diese Erfahrung erziehen wir sie zur Selbständigkeit?

Kleine Kinder im Trotzalter leben für den Augenblick, so heißt es. Aber das bedeutet nicht, dass sie keine Pläne und Ziele haben. Im Gegenteil – kleine Kinder haben sogar große Pläne und Ziele, auch wenn uns ihre Ambitionen so klein und unwichtig vorkommen.

Gegenfrage beantworten: »Geht es Ihnen besser, wenn Sie genervt mit einem trotzigen Kind durch den Supermarkt ziehen?«

Die stummen Eltern

Gegen das Vergessen gibt es Notizzettel. So kaufen Sie im Supermarkt entspannter ein.

Es gibt eine Untersuchung, die herausfand, dass Eltern, wenn sie mit dem Nachwuchs unterwegs sind, zu wenig reden. Sie schreiten stumm nebeneinander her, und wenn sie mit dem Kind sprechen, dann nur, um es in die Schranken zu weisen.

Gehören Sie auch zu den Stummen, die mit dem Kind gehetzt und eilig durch den Supermarkt, in die Bank oder zum Arzt hasten? Versuchen Sie vor allem dann mehr Zeit einzuplanen, wenn Sie mit Ihrem Kind Erledigungen machen. Ihr Kind will, dass Sie es einbeziehen, dass es nicht einfach nur dabeizusein hat.

Experimentieren Sie!

Reden Sie mit Ihrem Kind, wenn Sie zusammen unterwegs sind. Sprechen Sie über sich und über Ihre Gedanken. Und: Lassen Sie das Kind zu Wort kommen. Wer miteinander redet, zeigt dem anderen, dass er ihn zur Kenntnis nimmt: »Ich weiß, dass du bei mir bist. Ich wende mich dir zu. Ich höre, was du sagst. Ich nehme dich ernst.« Und die Summe dessen bedeutet: »Ich hab dich lieb.«

Natürlich sind Einkäufe im Supermarkt trotzdem »doof«, Arztbesuche trotzdem langweilig, Bankgeschäfte trotzdem immer öde. Sie beugen Trotzanfällen vor, wenn Sie solche Gelegenheiten nutzen, um mit Ihrem Kind zu sprechen. Außerdem werden Sie (vielleicht) erstaunt sein, welche Antworten Sie erhalten.

»Komm, mein Schatz, wir gehen einkaufen!«

*Ein Vater erzählt: »Den Supermarkt in unserem Dorf kennt
Mark, drei Jahre, wie seine Westentasche. Zuerst kommt das
Obst und Gemüse – megalangweilig. Dann vorbei an Marmelade
und Cornflakes – das ist interessant. Kaffee und Tee lassen wir
links liegen, zielstrebig steuern wir auf die Wursttheke zu. Aufgeregt hüpft er jedes Mal auf und ab, schenkt der Wurstverkäuferin
sein charmantes Lächeln und bekommt eine Scheibe Wurst.
Allmählich nähern wir uns dann der Gefahrenzone, auch ›Süß-
warenabteilung‹ genannt. Kurzfristig verliere ich Mark aus den
Augen, dann taucht er stolz mit einer 20er-Packung Cola-Lut-
scher auf. ›Nein‹, sage ich, ›die lassen wir hier!‹ Mark ver-
schwindet schmollend um die Ecke. Bald erscheint er mit einer
Großpackung Gummibärchen. ›Hast du versprochen‹, sagt er.
›Nein, hab ich nicht‹, sage ich. Mark quengelt, ich bleibe hart.
Mark weint, ich tröste ihn. Aber er will keinen Trost, er will
Gummibärchen. Sein Nölen wird immer lauter, er wirft sich auf
den Boden vor den Einkaufswagen.«*

> Vorher absprechen,
> was generell nicht
> gekauft wird.

Trotzanfälle, wenn sie in den eigenen vier Wänden stattfinden,
sind schon nervenaufreibend genug. Trotzen Kinder allerdings
in aller Öffentlichkeit, stehen wir Erwachsenen unter Druck und
zu allem Überfluss fühlen wir uns auch noch wie an den Pranger
gestellt. Alle gucken, alle denken, manche sagen sogar, was sie
denken, was für Eltern keineswegs immer schmeichelhaft ist.
Trotz aus heiterem Himmel und dann noch in aller Öffentlichkeit, das lässt uns alle guten Vorsätze vergessen und pädagogi-
sche Maßnahmen sind Schall und Rauch. Einkaufstouren, so
scheint es, sind im Trotzalter generell eine Tortur. Aber auch
wenn Kinder auf der Straße, im Restaurant oder beim Arzttermin aus der Rolle fallen, macht uns das schwer zu schaffen.
Die Regale reichen bis auf Kinderhöhe hinunter, so dass kleine
Hände kräftig zulangen können. Das Angebot ist üppig und

farbenfroh – alles, was das Kinderherz erfreut, ist zum Greifen nah. Ähnlich wie beim Anblick der Geschenke unter dem geschmückten Weihnachtsbaum müssen die Kleinen zwangsläufig dabei das Gefühl haben, die wunderbare Welt des Konsums liege ihnen zu Füßen und sie brauchen nur zuzugreifen. Die Grenzen zwischen Wunsch und Wirklichkeit zu ziehen, ist Aufgabe der Eltern – eine undankbare noch dazu.

Volle Regale bringen Kinderaugen zum Leuchten.

Auf dem Weg durch die Regale greifen Kinderhände nun behend zu und ernten dafür ein »Nein, das brauchen wir nicht«, »Nein, das ist zu teuer« oder »Nein, fass das nicht an«. Es sind zu viele »Neins« für kleine Einkaufsbegleiter, die immer frustrierter werden. Alles, was sie aussuchen, wird zurückgelegt, das schöne Spiel vom »Einkaufen« verliert seinen Reiz.

Trotzfalle Supermarkt

Trotzanfälle werden begünstigt, wenn Kinder durch zu viele »Neins« in ihre Schranken gewiesen werden. Besonders viele »Neins« müssen gesagt werden, wenn man einkaufen geht. Denn das dem Habenwollen ein Bezahlenmüssen folgt, davon haben sie noch keine Ahnung.

Und was geht in den Eltern vor? Genervt sind sie, wollen den Einkauf so schnell wie möglich hinter sich bringen oder kaufen Dinge, die sie eigentlich nicht kaufen wollten, nur damit Ruhe einkehrt. Oder aber sie bleiben konsequent, mit dem Ergebnis, das sie ein schreiendes und tobendes Kind aus dem Supermarkt schleifen. Bei allen Reaktionsmöglichkeiten ist das schlechte Gewissen vorprogrammiert. Stellt sich natürlich die Frage, ob es nicht Möglichkeiten gibt, die das schlechte Gewissen ausschalten. Natürlich gibt es die, es ist nur eine Frage, ob man sie immer und überall konsequent durchführen kann.

Die Einkaufs-Tipps

- In der Vorbereitungsphase für den Einkauf sollte man versuchen, die Liste der Dinge, die eingekauft werden müssen, gemeinsam zu erstellen. *Positiver Nebeneffekt: Das Kind fühlt sich ernst genommen.*
- Im Supermarkt sollte man konsequent mit dem Kind reden und es als »Einkaufsberater« einbinden. Beispielsweise: »Nehmen wir diese Marmelade?« – »Meinst du, wir haben noch genug Zucker im Haus?« – »Welche Kinderzahncreme würdest du denn kaufen?« – »Bring mir doch bitte das Toilettenpapier unten aus dem Regal.« »Hole doch bitte das Päckchen Nudeln, dort.« Ist das Kind beschäftigt, wird es weniger auf die verführerischen Dinge achten. *Positiver Nebeneffekt: Das Kind fühlt sich als »Partner«.*
- Handeln Sie vor dem Einkauf einen »Lohn« aus, diskutieren Sie in Ruhe, was Sie denken und was das Kind erwartet. Versuchen Sie dabei, Kompromisse zu schließen. *Positiver Nebeneffekt: Das Kind richtet seine Wünsche gezielter aus.* Dieser Tipp funktioniert natürlich nur dann, wenn man sich Zeit für den Einkauf nehmen kann.

Beschäftigung lenkt vom Trotzen ab.

»Jetzt gehen wir fein essen!«

Lena, dreieinhalb Jahre alt, geht mit ihren Eltern ins Restaurant. Sie hätte lieber zu Hause gegessen. Sie zappelt auf dem Kinderstuhl herum, patscht mit den Händen in die Suppe und schmeißt die Pommes auf den Boden. »Hör auf«, sagt der Vater streng. Was ein schönes Mittagessen werden sollte, endet in einer Katastrophe. Das Eis landet auf Lenas Pulli und die Limo auf der Tischdecke. Feindliche Blicke von den umliegenden Tischen strafen die Eltern. Während der Vater auf die Rechnung wartet, zerrt die Mutter die schreiende Lena aus dem Lokal. Im Auto beschließen die Eltern genervt: »So schnell nicht wieder.«

In diesem Fall hätten die Eltern zum Beispiel ihrer Tochter den Restaurantbesuch etwas schmackhafter gemacht, wenn sie sie rechtzeitig informiert und mit ihr über die Gründe gesprochen hätten. Auch bei der Auswahl der Lokalität hätte Lena sicher schon ein Wörtchen mitreden können.

Je mehr man Kinder in Entscheidungen einbindet, desto stressfreier laufen diese Unternehmungen ab. Und auch hier gilt wieder der Rat mit dem Reden.

Die Schwäche der Eltern wird in bestimmten Situationen ausgenutzt. Trotz ist eine »tolle« Waffe.

Trotzanfälle außerhalb der eigenen vier Wände haben zweifelsohne eine größere Wirkung. Geben Eltern in einer solchen Situation nach, nur um jetzt und hier ihre Ruhe zu haben, lernt das Kind daraus, dass es nur ordentlich schreien muss, um seinen Willen durchzusetzen.

Insofern muss die Tatsache, dass Kinder nie aus Absicht trotzen, wohl eingeschränkt werden. Sind die Kinder kleiner, ist es gewiss noch keine Absicht, später könnte dahinter schon ein System stehen. Sie lernen aus Erfahrung und trotzen dann schon gern einmal absichtlich.

Die Restaurant- und Ausflugs-Tipps

* Egal, wie klein Kinder sind, sie bekommen sehr wohl mit, dass die Eltern sich in der Öffentlichkeit anders verhalten als zu Hause. Der wichtigste Rat kann also nur sein: Reagieren Sie auf Trotzanfälle in der Öffentlichkeit genau so, wie Sie es auch zu Hause tun würden. Lassen Sie sich nicht von »Zuschauern« beeinträchtigen und denken Sie nicht darüber nach, welchen Eindruck Sie hinterlassen. Wichtig ist allein, welchen Eindruck Sie beim Kind hinterlassen.

* Wenn Sie Pläne für einen Ausflug am Wochenende oder für ein Restaurantbesuch zusammen mit der Familie schmieden, dann sprechen Sie zuvor mit dem kleinen Trotzkopf darüber. Beziehen Sie ihn in die Planung ein und gewähren Sie ihm im Rahmen der Möglichkeiten ein Mitspracherecht.

Eltern in der Trotzphase – hilflose Helfer

Sie wissen, dass Ihr Kind im Trotzalter ist. Sie kennen die Gründe, warum die Kleinen trotzen. Sie meiden Situationen, die den Trotz provozieren. Und doch bleiben Sie nicht immer ruhig und gelassen, wenn Ihr Kind einen Trotzanfall hat. Sie möchten eingreifen – und wissen nicht wie. Eltern von kleinen Trotzköpfen sind die hilflosen Helfer, randvoll mit Verständnis und gutem Willen, doch oft machtlos gegen die widerstreitenden Gefühle.

Trotz aushalten

Die kleinen Wilden brauchen keine Zähmung! Sind wir Erwachsenen mit Trotz konfrontiert, wächst in uns oft der Wunsch, den Trotz zu brechen. Das jedoch ist die schlechteste aller möglichen Reaktionen. Trotz muss man als Eltern (leider) aushalten. Es ist nicht jedem Menschen gegeben, ruhig wie Buddha persönlich neben seinem trotzenden Kind zu sitzen und abzuwarten, bis »es« vorbei ist. Deshalb halten Sie sich immer vor Augen, was das Kind im Trotz bewegt und dass es nicht mit Absicht und Berechnung so überschießend reagiert.

Kinder wollen im Trotz weder angefasst noch getröstet werden.

Typische Trotz-Auslöser bei Kindern
- Es sind Dinge, die nicht so funktionieren, wie das Kind es sich gedacht hat, oder aber Einschränkungen und Einmischung von Dritten.
- Es gibt immer einen Grund, warum das Kind trotzt. Oft ist er jedoch nichtig oder zumindest mit den Augen der Eltern nicht sichtbar.
- Der Trotzanfall ist eine Kurzschlussreaktion. Zwischen Auslöser und Anfall gibt es keine Möglichkeit, den Lauf der Dinge zu beeinflussen.
- Halten Sie sich vor Augen, dass sich die Wut zumeist nicht gegen Sie persönlich richtet, sondern andere Ursachen hat.
- Die Trotzköpfe vergessen den auslösenden Grund schnell und ihre Wut richtet sich dann gegen alles und jeden.

Wie man Trotzanfällen begegnen sollte
- Ganz egal, wie Ihr Kind trotzt, bleiben Sie in seiner Nähe. Reden Sie jedoch nicht auf das Kind ein oder versuchen Sie auch nicht, es in den Arm zu nehmen, wenn es das ganz offensichtlich nicht will.
- Manche Kinder beruhigen sich allerdings schneller, wenn sie nach dem Anfall liebevoll in den Arm genommen werden.

- Werden Kinder während eines Trotzanfalls ohnmächtig, weil sie die Luft anhalten, hilft ein kühler Waschlappen, den Sie auf die Stirn legen.

Viele Kinder verlieren während des Trotzanfalles völlig den Bezug zur Realität, sie sind für versöhnliche Gesten und Zuwendungen nicht empfänglich. Ganz wichtig ist: Kleine Trotzköpfe dürfen nie das Gefühl haben, die elterliche Liebe durch ihre Anfälle zu verspielen. Spätestens nach dem Anfall sind alle Kinder dankbar, wenn sie in den Arm genommen werden.

Eltern als Trotzopfer

Betrachtet man das Trotzalter genauer und auch die danach folgenden Trotzphasen, so stellt man fest, dass sich die Wut der Kinder vor allem gegen die Menschen richtet, die ihnen am nächsten stehen. In erster Linie sind es also die Eltern, die eine besonders innige Beziehung zu ihrem Kind haben, die am meisten darunter leiden müssen.

Je inniger die Beziehung zu den Eltern, desto heftiger wird getrotzt.

> **Erinnern Sie sich:**
>
> Der Trotz ist ein wichtiger Meilenstein in der Ich-Entwicklung, er schafft Distanz, wo Nähe zu einengend wird.

In der Trotzphase machen die Kinder eine ganze Reihe wichtiger Erfahrungen, viele davon sind wertvoll und tragen zu einem gesunden Selbstbewusstsein bei. Die Mehrzahl jedoch ist frustrierend, weil sie die Kinder an Grenzen führen. An die des eigenen Könnens, an die der Umwelt und schließlich auch noch an die, die Eltern gesetzt haben.

Daraus – und aus vielen anderen Mosaiksteinchen – gewinnen die Kinder das Gefühl, dass Erwachsene ihnen überlegen sind. Sie verfügen über Größe, Macht, Einfluss und Fähigkeiten, die Dinge in bestimmte Bahnen zu lenken.

Ist Trotz also doch Tyrannei mit System? Nein, das ist er nicht, zumindest ist es kein System, so wie Erwachsene es definieren würden. Man muss sich vielmehr die Situation der Kinder vor Augen führen: Die Erwachsenen fordern vom Kind Dinge, die es nicht tun kann oder machen will. Sie zwingen ihm – aus seiner Sicht – Dinge auf, die ihm nicht passen. Erschwerend kommt hinzu, dass die Großen den Kleinen nicht nur körperlich, sondern auch geistig überlegen sind. Und dann entdeckt der kleine Zwerg etwas, womit er die Dinge lenken kann, womit er minimalen Einfluss erlangt. Er verweigert sich, er trotzt. Es ist seine einzige Möglichkeit, seinen eigenen Willen oder Unwillen auszudrücken. Getrotzt wird also vorwiegend gegenüber Erwachsenen und am heftigsten gegenüber den Eltern. Auch wenn sich Kinder in diesem Alter streiten, fliegen schon mal die Fetzen.

Trotz verhilft zu dem Gefühl, selbst entscheiden zu können.

Trotz setzt Zeichen

Trotz ist einerseits ein probates Mittel, um Frustrationen abzubauen und die Wut rauszulassen, andererseits wirkt Trotz auch wie eine Art Schutzwall gegen die allmächtigen Erwachsenen. Mit trotzigen Reaktionen, das bekommen kleine Wüteriche sehr wohl mit, haben sie ein Mittel zur Hand, die Großen in die Knie zu zwingen.

Besitzverhältnisse, sei es im Sandkasten oder im eigenen Kinderzimmer, scheinen sich nur durch fürchterliches Geschrei und Gezeter austragen zu lassen. Aber das ist kein Trotz, denn die beiden Streithähne verfügen über die gleichen »Waffen« und über das gleiche Potenzial an Konfliktlösungsmöglichkeiten. Das macht den Trotz gegenüber Spielkameraden unnötig.

Allem Verständnis zum Trotz!

Ein Hund und eine Katze treffen sich. Der Hund geht auf die Katze zu und wedelt freundlich mit dem Schwanz. Die Katze faucht, sie fühlt sich bedroht. Ein aufgestellter Schwanz signalisiert ihr in der Katzensprache »Gefahr«,»Bedrohung«. Sie faucht den Hund an, der nichts Böses im Sinn hat, und sagt gleichzeitig damit: »Mach, dass du wegkommst, sonst gibt's was auf die Nase.«
Wo unterschiedliche Sprachen aufeinander treffen, sind Missverständnisse vorprogrammiert. So ähnlich wie zwischen Hund und Katze geht es oft auch zwischen Eltern und Kindern zu. Beide haben unterschiedliche Arten, sich auszudrücken, und selbst wenn sie die gleiche Sprache sprechen, kommt es doch regelmäßig zu Fehlinterpretationen.

Eltern nennen es Provokation, Kinder wollen ein Zeichen setzen.

Vorsicht, hier wird provoziert!

Der dreijährige Tobias hat großen Durst und sagt es seinem Vater. »Moment«, sagt der, »ich hol dir ein Glas Apfelsaft aus der Küche.« – »Will keinen Saft«, sagt Tobias, »will Milch.« Minuten später erscheint der Vater mit einem Becher Milch. »Ist kalte Milch, will warme Milch«, brüllt Tobias. Der Vater atmet schwer, bleibt aber ruhig. »Na gut«, sagt er, »machen wir die Milch halt warm.« Der Filius folgt ihm in die Küche und sieht, wie der Vater die Milch aus dem Becher in den Topf gießt. »Will nicht die alte, will neue Milch«, protestiert Tobias und stampft mit dem Fuß auf. »Will neue warme Milch.« Dem Vater platzt nun der Kragen. »Jetzt reicht's!«, brüllt er zurück.

Wenn Sie sich ex-
trem provoziert
fühlen: zuerst tief
durchatmen.

Es ist nicht nur Tobias' Vater, dem die Nerven durchgehen und
der sein Kind während eines Trotzanfalls anbrüllt. Das passiert
vielen Eltern, ist deshalb aber nicht weniger schlimm oder weniger falsch. Kinder, mit denen während der Trotzanfälle ge-
schimpft wird, sind wenig beeindruckt. Selbst Drohungen, die
im Eifer des Gefechts ausgestoßen werden, verpuffen ohne Effekt. Auch die kleinsten Trotzköpfe wissen, dass es leere Drohungen sind. Wird der Nachtisch gestrichen, haben es Erwachsene meist bis zum Mittagessen wieder vergessen. Und selbst
wenn Sie eine Drohung wahr machen, den Sprössling zum Beispiel in sein Zimmer schicken, dann hat dieser wahrscheinlich
schon vergessen, wofür er so bestraft wurde. Außerdem macht
zu viel Schimpfe immun, die Kleinen schalten »auf Durchzug«
und hören den Vorwürfen nicht mehr zu.

Drohungen kommen den Eltern schnell über die Lippen, wenn
die Kinder sie so zur Weißglut treiben. Wer stets ruhig und gelassen reagieren kann, ist in der Trotzphase besser dran.

Wer wirklich Ruhe bewahren kann, wenn neben ihm ein trotzi-
ger Zwerg tobt, sollte diesen Schatz hüten wie seinen Augapfel.

Typische Wutauslöser bei Eltern

- Der Trotz kommt aus »heiterem Himmel« und überfällt uns
  quasi ohne Vorwarnung.
- Die Trotz-Gründe erscheinen lächerlich und nichtig.
- Wir suchen die Schuld dafür bei uns und können sie nicht
  finden.
- Wir lassen uns von der kindlichen Wut anstecken.
- Wir wüten unkontrolliert zurück und es kostet uns Kraft,
  uns wieder zu beruhigen.
- Die Gefühlsausbrüche des Kindes ängstigen uns und wir er-
  kennen hinter den Fratzen der Aggression unseren kleinen
  Engel nicht mehr wieder.
- Wir sind überfordert damit, stets ruhig und ausgeglichen zu
  reagieren.

Emotionale Reaktionen

Doch seien Sie nicht erstaunt, wenn das Verhalten des Kindes Sie zu so starken Emotionen herausfordert, dass Sie nicht ruhig bleiben können. Denn wie soll man »Ruhe bewahren«, wenn man sie gar nicht hat? Und es schließt sich eine zweite Frage an: Ist die ruhige Reaktion immer die richtige? Ruhe kann man nicht erzwingen – und deshalb ist es müßig, darüber zu philoso-phieren. Wenn Sie also nicht immer die Ruhe bewahren, die not-wendig ist, verzweifeln Sie nicht. Eine emotionale Reaktion, um die Wut einmal höflich zu umschreiben, muss nicht zwangs-weise falsch sein, nur weil sie emotional ist.

Das Trotzalter wird von vielen Eltern überbewertet.

Echte Elternwut, mit Schimpfe und Drohungen, manchmal auch mit einem Klaps auf den Po, taugt jedoch nicht. Diese wütenden Verhaltensmuster machen das Kind ängstlich und unsicher, sie wirken bedrohlich und können den Trotz zusätzlich verstärken. Zwingen Sie sich auch nicht zur Ruhe, denn die Kinder spüren den Zwang, der die scheinbare Ruhe zunichte macht.

Besser ist es, kontrollierte Wut zu zeigen. Tobias' Vater hätte den Becher etwas lauter auf den Tisch zurückstellen können (s. Bsp. S. 103). Gehen Sie auf und ab, stampfen Sie mit dem Fuß auf, hauen Sie mit der Faust auf den Tisch. Reagieren Sie also ruhig wütend, aber lassen Sie Ihre Wut nicht am Kind aus. Res-pektieren Sie die »Unterlegenheit« des Kindes und nutzen Sie diese nicht aus.

Bevor die Wut Sie zu wütend macht, versuchen Sie kontrolliert, spielerisch »zurückzutrotzen«. Ihr Kind wird aufhorchen und abgelenkt sein vom eigentlichen Grund seines Trotzes.

Wenn die Wut Sie wütend macht:

- Steuern Sie rechtzeitig dagegen, indem Sie den Schauplatz des Trotzanfalls verlassen, beginnen laut ein Lied zu singen, das Radio einschalten – irgendetwas tun, um sich von der Wut abzulenken.

- Ruhig zu reagieren, ist gut und schön – aber prüfen Sie, ob dem kleinen Aufwiegler nicht mit einem spielerischen Ringkampf besser geholfen werden könnte.
- Wenn Sie sich mit Ihrem Kind gestritten haben und in Wut geraten sind, versöhnen Sie sich wieder. Gestehen Sie Fehler ein und entschuldigen Sie sich.
- Nach dem Zwischenfall – ganz gleich, wie er abgelaufen ist – sagen Sie Ihrem Kind, dass Sie es lieb haben.
- Stellen Sie nicht an sich selbst den Anspruch, allzeit perfekt und ruhig zu bleiben – das wäre angesichts der kleinen Provokateure sowieso kaum möglich.

Die hyperkinetische Phase

»Er gaukelt und schaukelt, er trappelt und zappelt auf dem Stuhle hin und her.« Wer kennt ihn nicht, den Zappelphilipp von Heinrich Hoffmann. Fast alle Kinder machen bis zur Einschulung irgendwann eine sogenannte »hyperkinetische Phase« durch, die allerdings nicht mit AD(H)S (Aufmerksamkeitsdefizit-Hyperaktivitätssyndrom) verwechselt werden darf. Im Gegensatz dazu handelt es sich bei der hyperkinetischen Phase um einen Entwicklungsschritt, der zeitlich begrenzt die gleichen Symptome aufweist. Die Kinder können nicht stillsitzen oder reden ständig dazwischen, sie haben Konzentrationsprobleme oder sind aggressiv. Für Eltern ist es nur schwer auszumachen, ob ihr Kind nun in dieser Phase feststeckt oder ob es einfach nur trotzig ist. Sie sollten, wenn Sie sich unsicher sind, eine fachärztliche Beratung in Anspruch nehmen. Gedanken über AD(H)S muss man sich nur machen, wenn Konzentrationsprobleme, motorische Unruhe, Impulsivität und ausgeprägte Stimmungsschwankungen länger als ein Jahr anhalten und auch unabhängig von typischen Trotzsituationen auftreten. Dann sollte man mit dem Kinderarzt darüber sprechen.

Immer geduldig und verständnisvoll?

*Bisher ging Lisa immer gerne in den Kindergarten, nie gab es
Theater und Lisas Mutter war vollauf zufrieden. Doch an einem
Morgen ist alles anders – Lisa verzieht sich gleich nach dem
Frühstück wieder in ihr Kinderzimmer und wird nicht mehr gesehen. Fünf Minuten, zehn Minuten, eine Viertelstunde. Lisas
Mutter wird langsam nervös: »Willst du heute denn gar nicht in
den Kindergarten?« – »Nein, will nicht«, ruft Lisa aus ihrem
Zimmer. Panik steigt in Lisas Mutter hoch, nie hatte es Probleme gegeben, was ist denn plötzlich los? Sie geht in Lisas Zimmer und versucht, mit ihr zu reden. »Lass mich!«, schreit Lisa,
»will Ruhe haben.« Noch mal fünf Minuten, und dann ein
neuer Versuch: »Komm, wir suchen uns was zum Anziehen
aus«, sagt die Mutter mit gespielter Lockerheit, als ob sie noch
alle Zeit der Welt hätte, »oder willst du dich heute alleine anziehen?« Lisa überlegt, sagt »alleine« und knallt der Mutter die
Tür vor der Nase zu. Die wagt einen neuen Anlauf. »Möchtest
du ein Schokohörnchen oder eine Banane in den Kindergarten
mitnehmen?« Lisa öffnet die Tür, das Spiel gefällt ihr. »Apfel«,
sagt sie im Befehlston. Lisas Mutter »gehorcht«, ein Blick auf
die Uhr zeigt ihr, dass es für ihre Morgenpläne ohnehin bald zu
spät sein wird. Sie geht auf Harmonietour, will um jeden Preis
einen Trotzanfall vermeiden. Zurück im Kinderzimmer, hat sich
Lisa immer noch nicht angezogen, dafür steht die Mutter in der
Jacke und mit der Kindergartentasche in der Tür. Lisa lässt sich
jetzt anziehen, doch kaum stehen sie in der Haustür, geht das
ganze Theater wieder los.*

> **Kinder wollen ihre Grenzen erfahren. Wenn es keine gibt, provozieren sie die Eltern ohne Ende.**

Ruhig und geduldig zu bleiben, ist eine Kunst angesichts solch
eines kleinen Tyrannen. Doch in Lisas Fall war es auch falsch.
Anstatt die Kleine rechtzeitig in ihre Grenzen zu weisen, hat sich
die Mutter auf ein unheilvolles Spiel eingelassen. »Ich gebe dir
alles, wenn du bloß nicht wütend wirst.« Doch genau das wollte

Lisa, sie wollte provozieren und sie wollte die Grenzen erfahren. Doch wo keine Grenzen sind, rennt man ins Leere, was schließlich auch beunruhigend ist.

Das Durchsetzungsvermögen testen

Kinder an die Macht? Die meisten Trotzköpfe wollen das gar nicht.

Indem sie bewusst oder unbewusst provozieren, wollen sie die Eltern aus der Reserve locken. Sie wollen herausfinden, wie viel Einfluß sie schon haben. Und das tun sie auf Biegen und Brechen, sie spannen den Bogen, so weit es nur geht. Wenn Eltern stets ausgeglichen und ruhig reagieren, egal, was das Kind tut, bekommt es das Gefühl, dass sein Verhalten Sie hilflos und unsicher macht. Es geht unbewusst einen Schritt weiter und überlegt sich: Wie also lassen sich meine Eltern aus der Reserve locken? Wann ist der Punkt erreicht, wo sie mich in die Grenzen weisen? Das Trotzalter ist dazu da, Grenzen auszuloten und zu überschreiten – aber das kann man nicht tun, wenn es scheinbar keine Grenzen gibt. Wenn Kinder ständig spüren, dass sie die Fäden in der Hand haben, dass sie bestimmen können, wo es langgeht, dann werden daraus nicht selbstbewusste und starke Erwachsene. Im Gegenteil, ohne Grenzen aufzuwachsen, macht einen Menschen unsicher und ängstlich.

Kinder brauchen keine perfekten Eltern!

Mal reden wir mit Engelszungen auf kleine Trotzköpfe ein, mal packt uns die Wut und wir brüllen zurück. Wir ziehen alle Register, doch das Ergebnis scheint leider immer das gleiche. Es liegt in der Natur der Sache, dass sich wohlmeinende Ratschläge immer wiederholen – und im Fall des Trotzes ist es nicht anders. *Trotzkinder muss man aushalten* und schlicht abwarten, bis die Zeit vorüber ist.

Aber dieser Tipp ist unbequem, denn er macht uns zu Zuschauern, wo wir doch so gerne eingreifen möchten.

Bewusst Grenzen setzen!

Kinder möchten Eltern haben, die Grenzen setzen und ihnen damit Geborgenheit und Schutz geben, gerade weil sie ihnen sagen, wo es langgeht.

Trotz nicht bestrafen!
Anschreien, schlagen oder ins Kinderzimmer schicken macht Kindern Angst und verunsichert sie. Auch wenn ihre Wut uns wütend macht, müssen wir daran denken, dass hinter dem Trotz kein System steckt und er nur den inneren Kampf widerspiegelt, den das Kind ausfechten muss. Trotz ist die einzige Möglichkeit der Kleinen, mit Frustration und Niederlagen umzugehen. Sie müssen die Spannung abbauen, um mit sich selbst wieder ins Reine zu kommen. So ungerecht es ist, wenn wir aus einer Laune heraus mit den Kindern schimpfen, so ungerecht ist es auch, die Kinder zu bestrafen, weil sie ihre Emotionen noch nicht im Griff haben.

Trotzkinder muss man aushalten – ein unbequemer Rat.

Nicht persönlich nehmen!
Auch wenn kleine Trotzköpfe Sie bis zum Äußersten provozieren, nehmen Sie es nicht persönlich. Es ist jetzt wahrlich nicht der richtige Zeitpunkt, sich beleidigt zurückzuziehen und zu schmollen. Die Provokationen der kleinen Giftzwerge richten sich bewusst gegen die Menschen, die ihnen am nächsten stehen, dass bedeutet aber nicht, dass sie Ihnen auch bewusst wehtun wollen. Auch wenn Sie während eines Trotzanfalls das Gefühl haben: »Dieser kleine Wüterich kann gar nicht mein Engel sein«, lassen Sie das Kind nicht allein mit seinem Unglück.

Trotzanfälle – Sie erinnern sich – treten auch auf, wenn dem Kind etwas selbst nicht gelingt, und nicht immer ist Ihr Verhalten Auslöser dafür.

Schlagen ist tabu!

Auch wenn es nur allzu verständlich ist, dass Sie vielleicht einmal im Trotz zurückschlagen wollen, weil Ihr Kind Sie attackiert hat, ist und bleibt Schlagen tabu. Es macht den Trotz nur schlimmer und Ihre Gefühle mieser. Mit Schlägen, die als Strafe gelten sollen, erreichen Sie nichts, und schon gar nicht, dass der Trotzkopf sich beruhigt. Ihr Kind fühlt sich erniedrigt und gedemütigt. Es gehorcht vielleicht widerwillig, aber es versteht Sie nicht.

Stehen Sie zu Ihrer Wut!

Wenn die Wut Sie wütend macht, dann stehen Sie zu diesen Gefühlen. Zeigen Sie Wut, indem Sie beispielsweise kontrolliert zurücktrotzen und das Kind damit in Erstaunen versetzen. Stampfen Sie ruhig mit dem Fuß auf und schreien Sie – das erleichtert ungemein. Oder senden Sie eindeutige Ich-Botschaften: »Ich bin jetzt ganz schön sauer auf dich!« – »Du machst mich richtig wütend!« – »Mir brummt der Schädel von deinem Gebrüll.« Indem Sie Ihren Gefühlen so Ausdruck verleihen und über sich selbst sprechen, geben Sie der Wut und dem Ärger Ausdruck, ohne jedoch das Kind anzugreifen. Ist die Trotzattacke vorbei, nehmen Sie Ihr Kind in den Arm und sagen Sie ihm, wie erleichtert Sie sind, dass es vorbei ist.

Unterbrechen Sie die Trotzanfälle nicht!

Denken Sie daran, dass das Kind während eines Trotzanfalls nicht Herr seiner Sinne ist. Es möchte jetzt nicht beruhigt, gestreichelt oder in den Arm genommen werden. Der sogenannte »Kontaktverlust« zur Umwelt ist normal und kann sich nur von selbst wieder legen. Bleiben Sie in der Nähe, so dass Ihr Kind zu Ihnen kommen kann, wenn sich der ärgste Trotz gelegt hat.

Geben Sie dem Kind Halt!

Das klingt vielleicht auf den ersten Blick wie ein Widerspruch,
ist es aber nicht, denn obwohl das Kind in seinem Koller den
Kontakt zur Außenwelt kurzfristig verliert, ist es dennoch dankbar, wenn es anschließend gleich in den Arm genommen wird.
Diese Sicherheit sollte bei allen Überlegungen mitschwingen und
alles muss darauf ausgerichtet sein, dem Kind die Angst vor dem
Verlassenwerden zu nehmen.

Machen Sie den Trotz nicht zum Mittelpunkt des Alltags!

Vermeiden Sie alles, was dem Trotz eine erhöhte Priorität im
Alltag einräumen würde, und versuchen Sie, alles so normal wie
möglich laufen zu lassen. Kinder spüren Misstöne sehr genau,
selbst wenn man noch so sehr versucht, sich zu beherrschen.
Sie fühlen auch die Ängste der Erwachsenen und kommen vielleicht dadurch auf die Idee, den Trotz auch als Druckmittel
einzusetzen.
Auch wenn die Wortwahl »Trotzalter« das Gefühl weckt, es
gebe eine Lebensphase, die hauptsächlich durch trotziges Verhalten gekennzeichnet ist, so ist das falsch. Es ist nur eines von
zahlreichen Verhaltensmustern, die in einem gewissen Kindesal-
ter auftreten. Deshalb sollte das nicht überbewertet werden.

Entspannung auf die schnelle Art

Sind Ihre Nerven bis zum Zerreißen gespannt? Brauchen Sie
dringend eine Auszeit? Hier kommt die schnelle Entspannung
für gestresste Eltern. Der amerikanische Herzspezialist Herbert
Benson hat die sogenannte »Relaxation Response« entwickelt,
die auf einer angeborenen Entspannungsreaktion des Körpers
basiert. Dabei soll sich die Aufmerksamkeit auf einen Gedanken, ein Wort, ein Mantra, einen Ton, ein Bild oder einfach auf
den eigenen Atem konzentrieren. Dies ist der geistige Fokus,

Wenn Trotzkopf keine Ruhe gibt, sorgen Sie ganz bewusst für die eigene Entspannung.

dem es gelingen kann, die Flut der Alltagsgedanken zu stoppen und unseren Kopf frei zu machen. Das bedeutet, auftauchende Gedanken nicht ins Bewusstsein dringen zu lassen, sondern sich ganz und gar auf den geistigen Fokus zu konzentrieren.
Des Weiteren sollte man eine passive Haltung gegenüber jeglicher Ablenkung und eindringenden Gedanken einnehmen.

Und so funktioniert Relaxation Response:

- Formulieren Sie innerlich die Entspannungsabsicht, wählen Sie einen geistigen Fokus, zum Beispiel das Wort »Ruhe«.
- Suchen Sie sich eine ruhige Umgebung und machen Sie es sich bequem. Entspannen Sie Ihre Muskeln.
- Atmen Sie langsam und ungezwungen. Bei jedem Ausatmen wiederholen Sie in Gedanken Ihr Fokuswort. Machen Sie das so lange, bis sich dieser Vorgang verselbstständigt. Bleiben Sie passiv und lassen Sie keine ablenkenden Gedanken zu.

Diese Übung sollten Sie zehn Minuten lang durchhalten und mindestens zweimal wöchentlich wiederholen. Das Patenrezept ist diese Methode vielleicht nicht, aber es wirkt. Und wenn Sie Ihrem Trotzkind entspannter entgegentreten, ist schon viel gewonnen.

Andere Trotzphasen – andere Umstände

Wie viel Trotz ist denn normal? So denken die Eltern von Einzelkindern oft, sie hätten mehr unter dem Trotz zu leiden. Oder begünstigt die Berufstätigkeit der Mutter, die Trennung der Eltern, die Ankunft eines Geschwisterchens den Trotz? Trotz ist ein Familienereignis, und deshalb geht es hier auch um die Geschwister von Trotzköpfen. Und um die Frage: Wann hat der Trotz ein Ende?

Wer ist schuld am Trotz?

Entwickeln sich Einzelkinder in der Trotzphase zu kleinen Tyrannen? Kann man im Umfeld des Kindes den Trotz reduzieren?
Und wann ist das Drama endlich vorbei?
Durchhalteparolen und Psycho-Tipps nutzen wenig, wenn man
kein Land sieht. Doch keine Bange, das typische Trotzalter ist
bald vorüber. Nicht aber die Trotzphasen, die Kinder noch bis
zur Einschulung durchs Leben begleiten. Hoffnung ist angesagt,
es wird immer leichter, und verstehen kann man die Trotzköpfchen schon, wenn ihnen ab und an mal der Kragen platzt.

Begünstigen andere Umstände den Trotz?

Manche Kinder werden rund um die Uhr von den Eltern ver-
sorgt. Die Mutter hat die Berufstätigkeit aufgegeben, um sich
voll und ganz dem Nachwuchs zu widmen. Obwohl immer
mehr Frauen einen Beruf haben, ist die Familienpause, wenn die
Kinder klein sind, heute noch der Normalfall.

Trotz ohne Unterschied: Kindergarten- und Hauskinder nehmen sich nichts.

Aber was ist, wenn es anders ist? Begünstigt die Berufstätigkeit
beider Elternteile den Trotz? Macht sie ihn komplizierter? Oder
langlebiger? Nein, solchen Gedanken kann man ganz selbstbe-
wusst entgegentreten. Kinder berufstätiger Eltern trotzen ganz
genauso wie ihre Altersgenossen, allerdings kann es sein, dass
gerade die Arbeit der Mutter mehr in den Mittelpunkt des
Trotzgeschehens rückt. Beispielsweise dadurch, dass am Morgen
weniger Zeit bleibt und sich schon die Kleinen an feste Stunden-
pläne halten müssen. Wichtig ist dabei immer, eine liebevolle
und konstante Betreuungsmöglichkeit zu finden, die den Kindern Halt gibt, wenn die Eltern nicht zur Verfügung stehen.
Fatal ist es, wenn die Eltern jedoch versuchen, ihre Arbeit ab-
zuwerten, um dem Kind somit den »Abschied« leichter zu
machen. Nehmen Sie jeden Morgen weinend von Ihrem Kind

Abschied, nur weil Sie »zur blöden Arbeit müssen«, so regt sich im Kind natürlich Trotz in Form von Widerstand. Besser ist es, die Arbeit souverän als Teil Ihres Lebens darzustellen – das macht es für beide Teile leichter. In der arbeitsfreien Zeit widmen sich die berufstätigen Eltern ohnehin intensiver ihrem Nachwuchs und kompensieren dadurch die zeitweilige Abwesenheit. Lassen Sie sich jedoch nicht zu mehr Nachgiebigkeit hinreißen, auch diese Trotzkinder brauchen klare Grenzen.

Ein gutes Gewissen ist die beste Waffe gegen Trotz.

Kindergarten und Krippe – trotzfreie Zonen?

In der Tat ist in Einrichtungen, die Kinder betreuen, relativ wenig von Trotzköpfen zu hören. Im Kindergarten oder in der Krippe sind die Kinder auf sich allein gestellt. Sie bauen soziale Kontakte auf und lösen Konflikte mit viel weniger Aggression. Sie haben Erfolge und lernen dadurch besser, Niederlagen einzustecken. Die Erzieherinnen nehmen sie als Autorität an, sie haben es nicht nötig, sich an ihnen zu reiben. Der Kindergarten ist vor allem für Einzelkinder wichtig, denn der Kontakt zu Gleichaltrigen oder etwas älteren Kindern erleichtert die Ablösung vom Elternhaus. Oft ist zu beobachten, dass hartnäckige Trotzköpfe durch den Kindergarten dieses Verhalten ablegen oder es sich stark abschwächt.

Eine engere Bindung?

Eine Ursache dafür, dass heute öfters und intensiver als früher getrotzt wird, könnte darin liegen, dass wir Eltern mehr Gewicht auf eine enge Eltern-Kind-Beziehung legen. Bei Kindern, die einen Kindergarten besuchen, reguliert sich Nähe und Distanz fast von allein.

Trotz durch Scheidung?

Schlimmer ist es natürlich für Kinder im Trotzalter, wenn sich die Eltern trennen. Sie brauchen *beide* Elternteile, um sich sicher und geborgen zu fühlen. Müssen sie auf einen von beiden verzichten, so stürzt das die meisten Kinder in tiefe Verzweiflung. Diese muss sich nicht zwangsweise in verstärktem Trotz äußern, auch wenn das häufiger der Fall ist.

Noch wichtiger als bei den Kindern, die auf ihre Eltern durch die Berufstätigkeit zeitweise verzichten müssen, ist es bei Scheidungskindern, sie jetzt nicht übermäßig zu verwöhnen und zu nachgiebig zu sein. Gerade in dieser Situation brauchen sie klare Grenzen, die sie nicht einschränken, sondern ihnen Halt und Sicherheit geben.

Einzelkinder – Tyrannen aus Leidenschaft?

Die Meinung ist weit verbreitet, dass aus Einzelkindern schnell kleine Tyrannen werden, die gewohnt sind alles zu bekommen, was sie wollen. In der Tat ist es natürlich leichter, ein Kind zu verwöhnen, als eine ganze Schar. Deshalb muss aus ihm aber nicht zwangsläufig ein egozentrischer Balg werden. Verzogene Kinder gibt es immer – aber nicht immer sind sie auch Einzelkinder. Vermehrter Trotz kommt nur dann zum Tragen, wenn die Eltern dem Kind keine Grenzen setzen und es nicht durch konsequente Erziehung anleiten. Dadurch kann bei den Kleinen schnell der Eindruck entstehen, sie hätten ein Recht auf dies und jenes – und sie setzen den Trotz ein, um es zu bekommen.

Einzelkinder trotzen nicht mehr oder weniger als Geschwisterkinder.

Das beste Gegenmittel gegen trotzende Tyrannen sind andere Kinder. Knüpfen Sie also frühzeitig Kontakte, so dass der kleine Einzelkämpfer so oft wie möglich mit Gleichaltrigen zusammenkommt. Ob Spielplatz, Krabbelgruppe oder Kinderkrippe – der Kontakt mit anderen Kindern rückt die Welt der kleinen Prinzen und Prinzessinnen schnell zurecht. Tobt der Trotz trotzdem zu heftig, gibt es einen guten Rat: Bringen Sie Ihr Kind so schnell wie möglich in den Kindergarten.

Trotz durch Familienzuwachs?

Als Trotzverstärker wirkt garantiert die Geburt eines Geschwisterchens. Von den nun »Großen« wird das Baby nun selten als wahre Bereicherung empfunden. Als Spielgefährte taugt es noch nicht, macht aber, was die Sympathie der Eltern angeht, eindeutig Konkurrenz. Die Angst davor, die Liebe der Eltern zu verlieren, äußerst sich oft in verstärktem Trotz.

Die Erwachsenen sind manchmal richtig erschrocken darüber, wie kindisch und ungezogen die Geschwister reagieren. Genauer betrachtet sind ihre Gefühle nachvollziehbar, denn sie wissen nicht, das Elternliebe kein Kuchen ist, der beim Teilen immer kleiner wird.

Denken Sie auch daran: Das Familienklima trägt entscheidend dazu bei, dass Geschwister sich untereinander gut verstehen.

Familienzuwachs stachelt den Trotzkopf richtig an.

Zweite Schwangerschaft – so bereiten Sie Ihr Kind vor!

- Den idealen Altersabstand zwischen Geschwistern gibt es nicht. Aber es ist sicher so, dass Zwei- bis Dreijährige eifersüchtiger sind als die Vier- bis Fünfjährigen.
- Erzählen Sie Ihrem Kind nicht gleich zu Beginn der Schwangerschaft freudestrahlend vom »neuen« Baby. Neun Monate Wartezeit ist für Kinder unüberschaubar lang und Geduld nicht unbedingt ihre Stärke.
- Kündigen Sie keinen Spielkameraden an, die Enttäuschung über das hilflose Baby ist schwer zu verkraften.

- Beziehen Sie Ihr Kind so weit wie möglich in Entscheidungen mit ein, die das Baby betreffen. Vielleicht darf es den Namen aussuchen oder die Babywiege.
- In der ersten Zeit nach der Geburt spielen die Großen gern Baby. Spielen Sie mit, so können Sie unnötigen Trotzattacken vorbeugen.
- Geschwisterkinder haben Angst, die Liebe der Eltern zu verlieren, und trotzen deshalb vielleicht intensiver als zuvor. Seien Sie geduldig und zeigen Sie dem/der Großen, dass Sie ihn/sie genauso lieb haben wie eh und jeh.

Trotz und die Geschwister: Mitleid oder mitleiden?

Niko ist sieben Jahre alt, seine Schwester Lizzy ist drei. Die beiden verstehen sich gut, erstaunlich gut für Geschwister, die unterschiedlicher nicht sein könnten. Niko war verständnisvoll und fürsorglich im Umgang mit der kleinen Schwester und schon bald wusste diese, es geschickt auszunutzen. Die Mutter der beiden erzählt:

Erwarten Sie von älteren Kindern nicht zu viel Verständnis für den Trotz der Kleinen

»Einmal saßen wir mittags im Restaurant und die Kinder durften sich etwas aussuchen. Lizzy wollte Spaghetti, Niko entschied sich für Wiener Schnitzel mit Pommes. Kaum wurde das Essen serviert, wollte Lizzy plötzlich keine Nudeln mehr, sondern war nur noch scharf auf die Pommes. ›Du hast deine Nudeln‹, erklärte Niko. ›Die Pommes gehören mir.‹ Sofort setzte Lizzy zu einem Riesengeschrei an. ›Gib ihr ein Pommes ab, die schaffst du doch nicht alle,‹ versuchte ich zu vermitteln. Großzügig, wenn auch etwas widerwillig, schob Niko seiner kleinen Schwester ein paar Pommes auf den Teller. Doch anstatt zu essen, machte sie nur eine Riesenschweinerei. Beim Nachtisch gab's das gleiche Theater, doch diesmal musste Niko nichts

mehr abgeben. Bei dieser Szene wurde mir zum ersten Mal bewusst, dass die Kleine ihren Bruder regelrecht ausnutzte und den Trotz einsetzte, um zu bekommen, was sie wollte.«
So grotesk es auch klingt, oft muss man ältere Geschwisterkinder vor dem Trotz der Kleinen schützen. Gerade solche, die besonders rücksichtsvoll mit den Geschwistern umgehen, werden von ihnen schamlos ausgenutzt.

- Die Rollen der Geschwister sind innerhalb der Familie klar definiert. Der/die Ältere war bislang ein Einzelkind und wurde erst durch das Geschwisterchen vom Thron geschubst. Schon allein diese Tatsache belastet das Verhältnis.
- Erschwerend kommt hinzu, dass die zweiten den ersten stets nacheifern und das umso dramatischer wird, je geringer der Abstand zwischen den beiden ist. Insbesondere die Zweitgeborenen entwickeln sich nicht selten zu besonders hartnäckigen Trotzköpfen. Sie kämpfen sozusagen an mehreren Fronten, opponieren nicht nur gegen die Eltern, sondern befinden sich auch im Wettstreit mit dem Geschwisterkind.

  Die Kleinen machen es genauso wie die Großen – weil sie groß sein wollen.

- Die Eltern »schützen« zumeist die Kleineren, indem sie versuchen, die Größeren mit Vernunftappellen zum Einlenken bewegen. Das ist im Prinzip absolut falsch, denn oft sind es die kleinen Trotzköpfe, die ihre älteren Brüder oder Schwestern unterdrücken.
- Eltern eines solchen Zweiergespanns kann man nur auffordern, genau hinzuschauen, bevor sie das nächste Mal den/die Großen ausschimpfen und den kleinen Trotzkopf in Schutz nehmen. Wenn nämlich immer nur die Großen Rücksicht nehmen müssen, dann entwickeln sich die Kleinen zu regelrechten Tyrannen.
- »Kinder erziehen sich gegenseitig«, behauptet der Volksmund. Und er hat Recht, nur nicht immer so wie gedacht. Denn oft sind es die Kleinen, die die Großen an die Kandare nehmen – und so sollte es nicht sein.

Den Kleinen immer
Recht geben, das
ist nicht immer
richtig.

- Achten Sie also auf Gerechtigkeit unter den Kindern. Fordern Sie den/die Ältere/en nicht immer wieder auf nachzugeben, sondern bestärken Sie sie auch in ihrem Standpunkt. Zu schnell sind wir versucht, mit »Dann gib es ihr halt ...« oder »Mario ist doch noch so klein ...« Einfluss zu nehmen.
- Gestehen Sie dem älteren Kind Rechte zu, die der/die Kleine nicht hat. Und weisen Sie andererseits die kleinen Trotzköpfe in ihre altersgerechten Schranken.

Gleichmacherei bedeutet nicht Gerechtigkeit!

Kindern müssen altersgerecht gefordert und gefördert werden. Mit zu viel Gleichmacherei tut man da keinem einen Gefallen – und zu viel Zurückhaltung und Nachgiebigkeit seitens älterer Geschwister spornt den Trotzkopf nur an.

Stressopfer Kind

Wenn sich die Lebensumstände für Kinder verändern, dann reagieren sie nicht nur mit verstärktem Trotz, sondern auch häufig mit körperlichen Symptomen. Schlaflosigkeit, Appetitlosigkeit, Verdauungsprobleme, Kopfschmerzen und Bauchweh – die Liste kindlicher Stresssymptome ist lang und facettenreich. Manche Kinder sind nervös und zappelig, andere ziehen sich zurück, werden still und lethargisch. Fakt ist: Schon Kinder sind Stress ausgesetzt und Psychologen haben die wichtigsten Stressauslöser (sogenannte Stressoren) auch schon herausgefunden und bewertet. Der maximale Stressfaktor liegt bei 100, hier eine kleine Auswahl der kindlichen Stressmacher und die dazugehörige Bewertung:

Stressfaktor	Punktwert
Scheidung der Eltern	73
Ein Elternteil häufig unterwegs	63
Das Kind ist erkrankt	53
Die Mutter wird berufstätig	45
Die Mutter wird schwanger	40
Neue Freizeitaktivitäten	36
Umzug	26
Wechsel der Kinderbetreuung	20
Urlaub	18
Geburtstagsfeier	12

Die Aufstellung macht deutlich, dass es nicht nur die negativen Ereignisse sind, die Kindern Stress bereiten.

Endlich drei! Trotzalter vorbei?

Von wegen! Erleichtert stellen viele Eltern fest, dass sich das Trotzalter nach drei Jahren scheinbar ausgetobt hat. Jetzt kann es nur noch besser werden, hofft man. Vorbei sind die täglichen Brüllanfälle, das Strampeln und Toben, das Luftanhalten und Boxen. Doch kaum wähnt man sich wieder in Harmonie, schon flippen die Zwerge erneut aus.

Die Zeit des Trotzens ist sehr wichtig für die Entwicklung des Kindes.

Mit schöner Regelmäßigkeit

Überrascht stellen Eltern fest, dass auch die Drei-, Vier-, Fünf- und Sechsjährigen noch regelmäßig ausrasten, und das ohne erkennbaren Grund: Die Schnürsenkel der Turnschuhe haben sich

verheddert, der Kopf passt nicht durch das Sweatshirt, der Ho-
senknopf will nicht zugehen, ein Legostein nicht auf dem anderen bleiben. Gründe auszurasten gibt es viele, zu viele, meinen
die Eltern. Die Anlässe, die Trotzanfälle provozieren und Trotzphasen begünstigen, sind ganz unterschiedlich:

- Frustrierend ist die eigene Unfähigkeit.
- Frustrierend ist die mangelnde Beachtung.
- Frustrierend sind lange Wartezeiten.
- Frustrierend sind die Grenzen.

Die Kindergartenkinder – zwischen allen Stühlen

Leiter rauf, Rutsche runter – immer wieder. Mal mit den Füßen
vorweg, mal auf dem Bauch, dann liegend auf dem Rücken.
Die Dreijährigen sind ständig in Bewegung und haben eine unbändige Ausdauer, vor allem bei Dingen, die sie sich gerade in
den Kopf gesetzt haben. Die Windelns sind passé, die große
Trotzphase klingt ab.

Im Kindergarten kann man vieles probieren, was zu Hause nicht geht.

Mit dem Kindergarten wächst die Selbstständigkeit, lockt die
große Freiheit. Doch wie das mit neuen Möglichkeiten so ist, sie
bergen auch immer Gefahren und rufen Unsicherheiten hervor.
So erleben die Dreijährigen im ersten Kindergartenjahr einen
Ansturm von zwiespältigen Gefühlen. Sie wollen einerseits he-
rumtoben und andererseits auf Mamas Schoß kuscheln. Sie wollen einerseits zärtlich sein und andererseits zuschlagen. Sie sind
noch klein und wollen doch schon zu den Großen gehören. Unzählige Enttäuschungen pflastern ihren Weg.

Vor wenigen Monaten waren **die Vierjährigen** noch hilflos und
ungeschickt, unberechenbar und unbeherrscht – und plötzlich
ganz verändert: voller Tatendrang und Selbstständigkeit, oft
schon vernünftig, mit logischen Gedanken und gezielten Überle-

gungen. Sie bestechen durch rasante Entwicklungsschübe und ungeheurem Charme. Für die Eltern ist das überwiegend eine schöne Zeit – bis auf das ständige Kräftemessen, was für dieses Alter typisch ist. Aus allem wird ein Wettstreit gemacht, und da will man Erster sein, Sieger werden. Doch wo ein Sieg winkt, da ist die Niederlage nicht fern – und damit muss man erst umgehen lernen. Im vierten Lebensjahr ist das Schließen von Freundschaften der wichtigste soziale Entwicklungsschritt. Die Kinder entdecken, dass Menschen sehr unterschiedlich sein können und dass sich manchmal hinter dem seltsamen Typ ein toller Spielkamerad verbirgt.

Die Fünfjährigen sind weder Fisch noch Fleisch, nicht mehr klein, aber auch noch nicht groß. Sie sind motzig wie die Dreijährigen und neunmalklug wie ein Schulkind. Sie sprühen vor Fantasie und sind zugleich gequält von Langeweile. Fünfjährige können und wissen schon viel, zum Beispiel, dass Erwachsene nicht immer recht haben. Und gelegentlich liefern sie auch gute Argumente. Solche kleinen Siege führen zu einer Art Größenwahn, mit dem die Vorschulkinder schon gut durchs Leben kämen, würden ihnen die Erwachsenen nicht immer in die Quere kommen. Davon abgesehen ist die Aggression das vorherrschende Gefühl. Wer nicht Freund ist, ist automatisch Feind. Es gibt nur schwarz und weiß, Grautöne werden ausgeblendet.

Das glorreiche Selbstbild der Fünfjährigen verträgt keine Kritik.

Die Übergangsphase vom Kleinkind zum Schulkind birgt sehr entgegengesetzte Emotionen, die die Kleinen manchmal zu zerreißen scheinen. Der innere Widerspruch wird auch von den Eltern oft und leichtfertig aufgegriffen. Mal heißt es »Dafür bist zu noch zu klein« und ein andermal »Du bist doch kein Baby mehr!«
Welche wahre Reife die Kindergartenkinder schon besitzen, zeigen sie den Eltern aber nur kurzfristig und deshalb hat man das Gefühl, sie stecken immer noch in der Trotzphase fest.

Aggression: Der Schrei nach Aufmerksamkeit

Aus heiterem Himmel fallen die Kinder aus der Rolle. Sie sind nicht mehr brav und ruhig, sondern nörgeln, schimpfen und schreien.

Aggression hat viele Gesichter, doch keines sieht fröhlich aus. Es sind Fratzen aus Wut und Jähzorn, Ungeduld und Gewalt, die plötzlich über die kleinen Kindergesichter huschen und uns Erwachsenen gelegentlich Angst einjagen. Aggressive Phasen, die dem Trotzalter ähnlich sind, treten bei Kindergartenkindern immer wieder auf. Aggression kann ein Zeichen von kindlichem Stress sein. In den meisten Fällen ist sie jedoch ein Hilfeschrei nach mehr Aufmerksamkeit. Dann hilft es, sich bewusst mehr Zeit für das Kind und es vor allem in seinen Bedürfnissen ernst zu nehmen.

Schulanfänger – die großen Anpasser

Mit Frustrationen umzugehen müssen auch die Größeren erst lernen.

Mit der Schule beginnt ein neuer Lebensabschnitt, der die letzten Jahre der Kindheit bestimmt und das ganze weitere Leben beeinflussen wird. Für die Kinder ist es aufregend und anstrengend zugleich, täglich Neues zu lernen.

Im Kindergarten waren sie die Großen, doch in der Schule müssen sie feststellen, dass sie wieder die Kleinen sind. Die meisten stürzen sich mit Neugier und Lernfreude in das erste Jahr, doch kaum ist das Alphabet gelernt und die Zehnerreihe verinnerlicht, verpufft die erste Euphorie. **Den Siebenjährigen** gelingt es nicht mehr, sich bei Problemen in die schützende magische Welt zurückzuziehen. Sie erkennen die Welt, so wie sie wirklich ist. Zu den neuen Einsichten gehört auch, dass sie sich nun ihrer

Schwächen bewusst werden. Kleine Tests werden geschrieben und vermeintliches Versagen wird sehr wohl registriert. Ihre natürliche Reaktion darauf sind Wut und Aggression.

Die Einschulung – die letzte Trotzphase?

Die Schule bedeutet von Anfang an Schwerstarbeit. Die Eltern können ihren Kindern nicht viel abnehmen, stehen aber als verständnisvolle, tolerante Verbündete zur Seite.

Die meisten Kinder freuen sich auf die Schule, denn sie wissen, dass nur große Kinder in die Schule dürfen und zu denen wollen sie jetzt auch gehören.

Nun muss das ganze Leben neu organisiert werden: morgens früh aufstehen, vormittags überwiegend stillsitzen, nachmittags Hausaufgaben erledigen. Pflicht und Unterordnung sind neue Erfahrungen, die nur ganz zu Anfang von der Neugier überflügelt werden. Die Erstklässler müssen ihre eigenen Wünsche zurückzustellen und das tun, was ihnen gesagt wird. Und sie lernen dabei eine ganze neue Spezies Mensch kennen: die Lehrer. Diese loben und tadeln, sie sind gerecht oder ungerecht, sie haben ungeheuren Einfluss. Egal, wie man mit ihnen auskommt, man muss sich mit ihnen arrangieren.

Wie schon einmal beginnen die Siebenjährigen, Grenzen neu auszuloten. Sie wissen zwar, was richtig und was falsch ist, wollen nochmals alles hinterfragen und jetzt auch bekämpfen. Für Eltern ist das Zusammenleben mit einem bockigen Siebenjährigen fast ein Deja-vu-Erlebnis. Erstaunt fragen sie sich, ob es wieder Trotz ist, was sie da erleben.

Diese zweite Trotzphase hat aber bald ein Ende. **Die Achtjährigen** haben sich arrangiert – mit der Schule und mit dem Elternhaus. Ein geradezu harmonisches Alter. Man könnte allerdings auch sagen: die Ruhe vor dem Sturm, der mit der Pubertät ein paar Jahre später einhergeht.

Der Wechsel vom Sandkasten zur Schulbank ist hart und abrupt.

Ständig unter Druck

Alle Kinder müssen in die Schule, so will es das Gesetz. Die einen sind allerdings besser vorbereitet als die anderen. Wer wirklich schulreif ist, stellt sich meist erst nach einem missglückten Start in der Grundschule heraus. Zu spät, um die Weichen noch einmal anders zu stellen. Die Statistik belegt das auf erschreckende Weise: Jedes sechste Kind hat Startschwierigkeiten. Kein Kind kann richtig verstehen, was da mit ihm passiert. Ein Indiz für Probleme sind deutliche Stresssymptome, die den Trotzreaktionen von früher ähneln. Dahinter steckt fast immer Angst.

> Erzählen Sie von sich und wie es in Ihrer Schulzeit war. Das hilft Ihrem Kind.

Angst vor den Mitschülern

Sich in die komplizierte Struktur einer Klassengemeinschaft einzufügen ist oft gar nicht so leicht. Schon in den unteren Jahrgangsstufen laufen gruppendynamische Prozesse ab: Da gibt es den Stärken und den Klugen, da gibt es Lehrers Liebling und den Klassenclown. Die anderen sind Mitläufer und Claqueure, je nach persönlicher Veranlagung. Für die Schulanfänger ist das eine extreme Belastung, denn auch alte Freundschaften leiden unter den neuen Vorzeichen. Es tut weh, wenn man jetzt nicht mehr zur ersten Garde gehört, und es macht Angst, wenn man zu den Schwächeren zählt.

Stillsitzen – die schwerste Übung

Was man kaum wahrhaben will: Für Kinder zwischen fünf und sieben Jahren bedeutet es eine große Anstrengung, sich 15 bis 20 Minuten auf dieselbe Sache zu konzentrieren. Auch Lehrer, die es eigentlich besser wissen müssten, sind dann schnell mit Vorurteilen bei der Hand, nur weil einem lebhaften Kind vielleicht noch das nötige »Sitzfleisch« fehlt. Wenn schon das Stillsitzen zur Qual wird, dann braucht es oft nur noch einen kleinen Auslöser, um weitere Ängste auf den Plan zu rufen.

Leistungsschwächen und Versagensängste

Sic stellen sich schon recht bald ein. Vielleicht gibt es noch keine Zensuren, aber die Lehrer verteilen Sternchen oder Häkchen, lachende oder traurige Smileys, die als Belohnung für gute oder weniger gute Leistung den gleichen Zweck erfüllen. Es findet also durchaus eine Bewertung statt. Jegliche Kritik nehmen Kinder sich sehr zu Herzen, und ein trauriger Smiley suggeriert eines ganz deutlich: »Da ist jemand traurig, weil ich etwas falsch gemacht habe.« Das kann die Freude an den neu erworbenen Fähigkeiten nachhaltig verderben.

Trotz Schule – mehr Spaß am Leben

Angstfrei lernen, so scheint es, wird immer schwieriger. Auch wenn die Eltern ihre eigenen Erwartungen so weit wie möglich zurückschrauben, so bleiben doch die Erwartungen der Lehrer, die die Kinder häufig überfordern. Wichtig ist in allen Fällen, dass das Kind weiß, dass seine Eltern seine Verbündeten sind. Darauf müssen sie sich verlassen können, daraus tanken sie Kraft und Selbstbewusstsein. Und gerade dieses Selbstvertrauen ist die einzige Waffe gegen Schulstress und die beste Prävention gegen Trotzattacken. Sie sind nämlich in dieser Altersstufe meist nichts anderes als Hilferufe einer Kinderseele unter Druck.

Aufgestaute Emotionen müssen Schulanfänger irgendwo herauslassen.

Das grundlegende Bedürfnis nach Anerkennung

Um zu vermeiden, dass sich Ihr Kind zurückzieht, sollten Sie ihm stets ein offenes Ohr gönnen – aber ohne es aushorchen zu wollen.

Positives Denken vermitteln

Leistung und Konkurrenz waren für das Kind bislang Fremdworte, es weiß weder den Grund dafür, noch sieht es einen Sinn darin. Eltern loben selbstverständlich, wenn das Kind gute Leistungen nach Hause bringt, aber sie sollten ihm auch bewusst den Rücken stärken, wenn es einmal nicht so gut gelaufen ist. Nur durch die Fähigkeit, neue Aufgaben wiederum angstfrei anzugehen, können Enttäuschungen über Misserfolge verkraftet werden. Lenken Sie den Fokus auf das Leben außerhalb der Schule, auf die schönen Dinge, die für schulische Misserfolge entschädigen.

Manchmal scheint es, als ob es nur noch Schule und nichts anderes mehr gibt.

Mehr freie Zeit geben

Schon viele Grundschüler fühlen sich überlastet, weil zu den schulischen Anforderungen auch noch organisiertes Freizeitprogramm kommt. Fußballtraining hier, Klavierstunden da. Häufig sind die Nachmittage der Schüler ebenso verplant, wie die Vormittage in der Schule. Aber Kinder brauchen nicht ständig organisierte Freizeit, sondern schlicht Zeit zur eigenen Gestaltung. Spontane Spiele, Treffen mit Freunden oder einfach Langeweile genießen – das alles hilft, der Anspannung entgegenzuwirken. Ganz wichtig: Rückzugsräume schaffen.

Alltagsrhythmus ermöglichen

In der Regelmäßigkeit liegt für Kinder ein großes Entspannungspotenzial. Wo Eltern Freizügigkeit demonstrieren wollen, finden sich Kinder im inneren Chaos wieder. Ihr Alltag braucht markante Eckpunkte, fest umrissene Grenzen und regelmäßig wiederkehrende Rituale. Kinder empfinden das als wohltuenden Leitfaden. Das hat nichts mit Beschränkung zu tun, sondern vielmehr mit Orientierungshilfe.

Am Ende dieses Buches wünsche ich Ihnen, den Trotz nicht nur als schlimm und belastend anzunehmen, sondern auch als wichtigen Eckpfeiler in der Entwicklung Ihres Kindes. Vielleicht fällt Ihnen das jetzt gerade schwer, aber auf Dauer kann man mit diesem Gedanken sehr gut (über-)leben.